Michael Walz

Die Grabdenkmäler von St. Peter und Nonnberg zu Salzburg

Michael Walz

Die Grabdenkmäler von St. Peter und Nonnberg zu Salzburg

ISBN/EAN: 9783743627482

Hergestellt in Europa, USA, Kanada, Australien, Japan

Cover: Foto ©ninafisch / pixelio.de

Weitere Bücher finden Sie auf **www.hansebooks.com**

Die Grabdenkmäler
von
St. Peter und Nonnberg
zu
Salzburg.

Erste Abtheilung.
Mit 24 Steindrucktafeln.

Verlag der Gesellschaft für Salzburger Landeskunde.
Salzburg, 1867.
Druck der Endl & Penker'schen Buchdruckerei.

Die Abbildungen sind am zweckmäßigsten in aneinander gereihten Gruppen beizuheften, wie auf der letzten Seite des Textes jeder Abtheilung angegeben ist.

Die Grabdenkmäler von St. Peter und Nonnberg zu Salzburg.

> Der fremde Wand'rer kommend aus der Ferne,
> dem hier kein Glück vermodert, weilt doch gerne
> hier, wo die Schönheit Hüterin der Todten.
>
> Lenau. Der Salzburger Friedhof.

Die Grabdenkmäler der salzburgischen Stifter St. Peter und Nonnberg sollen in den nächstfolgenden Jahrgängen der Mittheilungen für Salzburger Landeskunde, wenn nicht Verhältnisse allzusehr hemmend einwirken, in folgender Weise bearbeitet werden:

1. Der Standort, die Größenverhältnisse, das Material und der Zustand des Denkmals werden zuerst kurz angeführt.

2. Diesem wird die Inschrift vollständig und nach Vermögen getreu angereiht, wobei für die ursprüngliche Capitar- und Uncialschrift die entsprechenden lateinischen Lettern und für die gothische und spätern Schreibweisen die lateinische Cursivschrift angewendet ist.

3. Darauf folgt die Beschreibung der vorhandenen Figurationen und speciellen Formen, welche nach relativer Wichtigkeit des Denkmals mehr oder weniger genau und ausführlich gegeben wird; die kunst- und kulturhistorischen Momente sollen dabei als maßgebend betrachtet werden.

4. Daran schließen sich noch Notizen über die Person, ihre Familie und historische Bedeutung.

5. Von denjenigen Denkmälern, welche für die Geschichte der Stile und Ideen der Kunst oder für die Geschichte der Cultur und Wissenschaft besonders bemerkenswerth erscheinen, wird je nach den verfügbaren Geld-

mitteln eine größere oder geringere Anzahl von Originalzeichnungen hinzugefügt. Für die verschiedenen Zwecke, denen eine solche Specialarbeit dient, sind getreue Abbildungen ziemlich vieler Steine dringend geboten.

Unter den Nummern 1--48 wurden allein schon 24 zum Abzeichnen bestimmt, ein Umstand, welcher die Geldkräfte des Vereins für das laufende Jahr erschöpft und die Arbeit selbst leider sehr in die Länge zieht, da die Beschreibung den Abbildungen nicht weit vorausgehen kann.

6. Sämmtliche Grabdenkmäler, welche in den beiden Stiftern bis 1700 gefunden werden, sollen in chronologischer Folge eingereiht und dem Ganzen vier Verzeichnisse angeschlossen werden, wovon das erste die Grabsteine in chronologischer und das zweite in localer Ordnung enthält; letzteres ist ein Führer, der den Besucher durch die Friedhöfe, Kirchen, Kapellen, Gänge und Grüfte geleitet. Das dritte Verzeichniß wäre ein chronologisches und das vierte ein alphabetisches aller Personen, die bei den beiden Stiftern begraben sind, insofern ihre hiesige Beerdigung durch die Denkmäler selbst oder aus den Custodierechnungen, welche in St. Peter bis in das 13. Jahrhundert reichen, oder aus den Kirchenbüchern und anderen zu Gebote stehenden Hilfsmitteln nachweisbar ist.

Die erste Lieferung umfaßt die Zeit von 1235—1420 und bringt 48 Beschreibungen und 24 Abbildungen. Das Wappen ist beinahe das einzige Sujet, das außer der Legende zur Darstellung gelangt, daher wurde auch der Entwicklung desselben die größte Aufmerksamkeit gewidmet. In der Blasonirung folgte ich der Theorie des Otto Titan von Hefner und des Dr. G. von Sacken, fügte jedoch meist auch eine ausführlichere, gemeinverständliche Erklärung bei. Es würde ein lebhafter Wunsch von mir erfüllt werden, wenn diese Blätter etwas zur Verbreitung der Kenntniß der klassischen Heraldik und der Blasonirung unserer Wappen beitragen.

Für örtliche Bezeichnungen ist regelmäßig vom Standpunkt des Denkmales aus gesprochen; was auf dem Denkmale rechts ist, das ist dem Zuschauer links und umgekehrt.

Die angeführten historischen Notizen aus dem lib. cop. wurden mir von Herrn Consistorialrath Doppler und viele der übrigen vom Herrn Dr. Chiari freundlichst zugestellt. Die Zeichnungen sind ausschließlich das Werk des Herrn Karl von Frey. Diese Abbildungen zeigen dem Kenner deutlich genug die Gelungenheit der Ausführung und die Feinheit des Gefühles, welches der Zeichner für den Kunstcharakter dieser Periode besitzt, ich kann nur aussprechen, daß man sich auf ihre Genauigkeit verlassen kann. Durch die freundschaftlichen Beziehungen des Herrn von Frey waren wir auch so glücklich, den Künstler Herwegen für die Ausführung auf Stein zu gewinnen.

Sämmtliche Abbildungen sind $^1/_{12}$ der Naturgröße gezeichnet, das ist: ein Zoll gleich einem Wiener Fuß; mit einziger Ausnahme des Steines Nr. 37, welchem seiner besonderen Größe halber ein eigener Maaßstab beigegeben wurde, nämlich $^3/_1$ Zoll gleich einem Wiener Fuß.

Forschungen über Symbolik führten mich auf diese umfassendere Arbeit. Der unermüdlichen und verständigen Theilnahme, welche meine zwei braven Schüler Anton Sattler und Max von Frey an der Sache bewiesen, verdanke ich einen großen Theil meines gesammelten Materiales. Möge ihnen die Erinnerung an die Stunden unseres Sammelns ebenso angenehm sein wie mir, und ihnen hinreichenden Lohn für ihre Liebe und Ausdauer gewähren.

Linz den 15. Juli 1867.

Dr. Walz.

Chronologisches Verzeichniß der vorhandenen Denkmäler,

(welche in diesem Jahrgange beschrieben sind.)

1.	1235.	Wilbirgis Abtissin.
2.	1270.	Diemut Abtissin geb. von Velben.
3.	1284.	Hilta Abtissin.
4.	1288.	Ditmarus Abt.
5.	1300.	Chunrat de Oberndorf miles.
6.	c. 1300.	Chunrat der Teisingner.
7.	1300.	Marquardus dictus Lekcher.
8.	c. 1300.	Anonymus.
9.	c. 1300.	Elspet des Venedigers hawsfraw.
10.	c. 1300.	Herman Gaerr.
11.	1307.	Elizabet de Sunnberch Abtissin.
12.	1315.	Reliquiae S. Ruberti etc.
13.	1321.	Margareta von Gebing Abtissin.
14.	1323.	Anna von Perghaim Abtissin.
15.	1327.	Heinricus de Prunning miles.
16.	1327.	Heinricus dictus Zinzman.
17.	1336.	Diemut von Polhaim Abtissin.
18.	1343.	Wulfingus de Goldekk Pincerna.
19.	1344.	Diemut von Wartenfels Abtissin.
20.	1345.	Caesarius Custos et Capellanus.
21.	1348.	Ulricus Calhochsperg.
22.	1356.	Anna Grasser Abtissin.
23.	1358.	Wulfingus junior de Goldekk.

24.	1360.	Anna die Nusdorferin.
25.	1361.	Marichardus dictus Lamp.
26.	1363.	Aichaimer Gertraud geb. von Polhaim.
27.	1364.	Otto de Raittenhaslach mag. cur. Salz.
28.	1367.	Anna de Weizzenekk Abtiffin.
29.	1369.	Wilhelm der Rentager? Rentarm?
30.	1375.	Johannes II. Rozzes Abt.
31.	1376.	Elspet die Nusdorffarin.
32.	1377.	Petrus dictus Chrawtburm de Chraintach.
33.	1378.	Katerina de Schernperch Abtiffin.
34.	1380.	Anna von Libunnburg Abtiffin.
35.	1382.	Ulrich der Wechslar.
36.	c. 1382.	Sawrer des Wechslers Brueder.
37.	1382.	Chunrat der Taufchind.
38.	1382.	Gottfrid Schreiber dictus Flusthert.
39.	1388.	Katrein von Perneck Abtiffin.
40.	1393.	Diemut von Schönstetten Abtiffin.
41.	1397.	Wolfgang Waldekker.
42.	1397.	Heinricus de Hassia.
43.	1404.	Margareta die Pernekkerin Abtiffin.
44.	1405.	Hardneit der Vischar.
45.	1408.	Thomas Pucznar.
46.	1416.	Leonhard Putzer Abt.
47.	1416.	Martinus dictus Rawtter.
48.	1420.	Ulricus Plankenfelser Abt.

1235. Nr. 1.

(Mit Abbildung.)

Nonnberg, innerhalb der Klausur, an der Thüre, durch die man vom Chor herab in den Gang kommt, der aus dem nördlichen Schiffe der Kirche in's Kloster führt und ein Theil des alten Kreuzganges ist; rother Marmor, 5' 7" hoch, 22½" breit.*)

✠ WILBIRGIS | ABBA

Außer dieser auf dem obern Drittheil eingegrabenen Legende ist die Oberfläche des Steines völlig leer. Die Buchstaben sind Majuskelschrift, welche in einem Gemisch der geradlinigen litera quadrata des römischen Lapidarstiles und der hackenförmig gerundeten, der Pinselschrift der Mönche nachgeformten litera uncialis besteht.

Eine primitivere Einfachheit bei Grabdenkmälern dieser Art ist kaum denkbar. Es liegt in dieser schlichtesten Form eine eigenthümliche Erhabenheit, welche den redseligen Gräbern späterer Zeiten sehr charakteristisch gegenübersteht. Wilbirgis starb den 9. October 1235, in welche Zeit auch die Anfertigung des Steines ohne Zweifel zu setzen ist. Aus den Mittheilungen von Nonnberg**) erfahren wir Folgendes:

„Dises Orts ist zu merken, daß ein ebenmessiger Grabstain mit gleich lautender schrift, wie ob steht, vor der Frauen Porten bei dem Kreuzgang zu finden ist; und als ich deßhalben der Ursach in dem Kloster nachgefragt, ist mir zur antwort worden: wie sie von langen onerdentlichen Jahren hero je eine von der andern glaubwürdig wären bericht worden, daß gedachte Von Velben, als sie ungefähr an disen Ort in dem Kreuzgang, da der bemelte Grabstain ligt, kommen, sey ein Gewölb oder wie Andere sagen, der Kirchthurn, so bei bemeltem ort steht, eingefallen, und sie also ellend umbkommen. deßhalben soll ihr des leibigen Fals zur Gedechtnuß besagter Grabstain in dem Kloster aufgericht sein; und weil sie herauffen in der Kirchen bey dem Hl. Kreuz Altar, als gesagt, zur Erden bestattet, ihr auch vermelter Grabstain gelegt worden.

---

*) Die Größenverhältnisse sind nach dem Wiener Maßstabe gemessen.
**) Archiv Manuscript: Katalog der Abtissinen aus den Epitaphien und andern glaubwürdigen Monumenten zusammengetragen von Johann Stainhauser 1602, p. 15.

Publ. Ronnberg Kreuzg. 1235. N° 1. gez. v. K. v Frey, lithog. v P. herwegen.

Übrigens findet man von deren Tod nichts in dem Kloster verzaichnet, also daß daran etwan wohl mecht gezweiflet werden. ich meines theils lasse es in seinen Ort verbleiben."

„Als man das Pflaster in dem Kreuzgang gelegt, hat man die zwei Grabstain (darauf diese Wort geschrieben: Wilbirgis Abba. und auf dem andern: Anno · Domini : M · CC · L · X · X · VI · Kal · May obijt D · Dymodis de Velbo Abbatissa in Nunberg) so bei der Thür ligen, wie man von der Pfarkirchen die Stiegen hinab geht, in gemeltem Creuzgang erheben müßen, welches beschechen den 9. Septembris. Weillen man alzeit im Zweifel gestanden, ob dise beede Abtißin (wie auf den Grabstainen verzaichnet) alda begraben ligen oder nit, da alzeit darfür gehalten worden es seyen dise stain nur dessenwegen zu ainer gedechtnus, daß von ainem Gewelb, so eingefallen, ein Closterfrau*) soll sein darvon erschlagen worden unter bemelten Abtißin, weilen aber Zwaer Abtißin Namen und absonderliche Stain, die 42 Jahr von einand im Regiment gewest: also ist's Ihr Gnad. der Fr. Abtißin (Eva Maria Rettinger von Lerchenperg) bedencklichen fürkomen, und als man in Aufhebung der Stain gesehen, daß Gräber seind, und unter dem Pflaster lauter Erden. Also hat Sye in Beysein des wohlehrwürdigen Herrn P. Romani Throilo vom Closter Ottepeyrn, selbiger Zeit alda Senior, graben lassen, und haben sich in diesen 2 Gräbern 2 Leichnamb ganz verwesen befunden ohne Anzaigung einiges Holzs oder ainer Truchen, sondern ist lauter schwarze Erden gewest, so doch in dem ganzen Creuzgang sonsten lauter selzen und grosse Stain sein. Also hat man dise 2 bemelte Abtißin alda wahrhaft begraben gefunden; was Ursachen Sye aber daher gelegt worden, kan man nichts gewißes wissen. Das Grab ist alsbald in beysein Ihr Gn. und bemelten Herrn P. Senior wieder zuegemacht und die Stain wie zuvor darauf gelegt worden."

Nach der Sitte der Beerdigung auf dem Nonnberg, wie sie von 1307—1865 ohne Unterbrechung zu verfolgen ist, wurden alle Abtissinen innerhalb der Kirche und nicht im Kreuzgange begraben. Die angeführten Mittheilungen über die Untersuchungen der Abtissin Eva Maria sind nicht geeignet den Zweifel an der Richtigkeit der Gräber zu heben. Auch der Umstand, daß Diemud von Velben in der Kirche selbst und zwar unmittelbar vor den Stufen zum Kreuzaltar einen zweiten Grabstein hat und noch andere Motive wie die Spaltung und die entschieden viel spätere Anfertigung des Steines scheinen zu der Annahme zu zwingen, daß weder Wilbirgis noch Diemud V. unter diesen Steinen liegen. Näheres darüber bei Nr. 53.

Die „Chronik des adeligen Benediktiner-Frauenstiftes Nonnberg in Salzburg von P. Franz Esterl, Salzburg 1840" nennt Wilbirgis Edle von Meblingen oder Meglingen die 27 Abtissin auf dem Nonnberg. Sie folgte nach 1189 auf Gertrand I., eine Nichte

---

*) Die mündliche Ueberlieferung sagt, die Abtissin Diemud von Velben selbst sei verunglückt. Die Chronik ist bis Seite 61 nicht von den Klosterfrauen, sondern von einer Männerhand geschrieben, wahrscheinlich von P. Veit Gadolt von Andechs, Kaplan auf Nonnberg.

des Erzbischofes Adalbert III. und Verwandte des böhmischen König
hauses.

Das Kloster und die Kirche wurden von Kaiser Heinrich dem Heiligen 1009 erbaut und von Erzbischof Hartwik eingeweiht; sie stand somit zur Zeit der Wilbirgis über 200 Jahre, von einem älteren Grabdenkmal ist jedoch weder im Kreuzgang noch in der Kirche eine Spur vorhanden.

1270.   Nr. 2.

Dymudis abbatissa.

Diemudis de Velben, die 28 Äbtissin von Nonnberg, starb den 4 Mai 1270. Ihr ursprüngliches Denkmal ist verloren. Es finden sich jedoch zwei Ersatzsteine aus späterer Zeit; der eine liegt mitten durchgespalten und gebrochen bei dem Grabsteine der Wilbirgis, der andere liegt im Mittelschiff der Kirche. Näheres über diese zwei Steine ist bei Nr. 53 angegeben.

Wie mächtig das Geschlecht der Velben in dieser Zeit gewesen sein muß, zeigen unter anderm zwei salzburgische Urkunden aus dem Pinzgau, welche im linzer Museum aufbewahrt sind; in der einen sagt Friedrich von Velben im Jahre 1292 den Ludwig von Bayern aller Haftung wegen der Burg Sulzau los, in der andern verträgt er sich in demselben Jahre mit dem Erzbischof von Salzburg. Einer andern Originalurkunde aus demselben Jahr ist das 20''' hohe Originalsiegel „Gebhardi de Velwen" angehängt, welches auf dem Dreieckschild ein sehr kräftiges „gestürztes Bockshorn" zeigt.

Ueber die Familie und ihre Besitzungen siehe v. Kürsinger: Oberpinzgau pag. 42 und Dürlinger: Vom Pinzgau pag. 44, 53 f, 352 und Kleimaier: Juvavia pag. 437, 441, 493, 513, 574, 609.

Die Velben hatten viele eigene Güter und Lehen in Ober- und Unterpinzgau; sie erwarben die Feste Caprun sammt Mannschaft, Wildbann, Fischwaid und Burgrecht, traten aber 1480 dieselbe um 11.000 Dukaten dem Erzbischof ab. Gebhard von Velben wurde 1292 mit der Burg und dem Landgericht Mittersill belehnt. Vergeblich stritten die Velben mit den Kuchlern lange um das Marschallamt; aber als der Erzbischof Pilgrim vom Herzog in Bayern gefangen wurde, schloßen sich das Domkapitel, alle Prälaten, Ritter, Knechte und Städte zusammen, verbanden sich, jedem Beschluße der Majorität zu gehorchen und wählten Ulrich von Velben zu ihrem Hauptmann, da er ohnehin des Erzbischofs Rath wäre. In der Schlacht bei Ampfing blieben ein Diether und Conrad von Velben. Das Stammschloß der Velben, auch der Kasten von Velben genannt, weil es vor Jahren als Aerarial-Getreidelasten verwendet wurde, liegt südöstlich eine kleine Viertelstunde vom Markte Mittersill im Oberpinzgau. Im Anfange des 15 Jahrhunderts erlosch das Geschlecht der Velben, ihre Schlösser fielen an das Erzstift. Die Schloßruine ist nun verkauft und im Privatbesitze. (Siehe auch: Süß, Jahresbericht des Museums Carolino-Augusteum. Salzburg 1853 S. 88.

Nr. 3. 1284.

Hilta Abb'a.

Diese Inschrift ist eine Copie der ursprünglichen und auf dem Denkstein der Abtissin Diemud von Polham † 1336 am Schlusse angebracht. Die genaue Uebereinstimmung mit dem ersten Denkmal in charakteristischer Einfachheit scheint die Treue der Abschrift zu verbürgen. Das Nähere siehe bei Nr. 53.

Hilta starb als 29 Abtissin von Nonnberg den 9 September 1284. Ihr Name kommt nur in dem Nekrologium vor; ihr Geschlecht ist nicht bekannt. Sie erhält vom Papste Gregor X. in einer von 7 Cardinälen unterzeichneten Bulle das Privilegium, im Falle das ganze Land mit dem Interdicte belegt wird, dennoch in ihrer Kirche einen stillen Gottesdienst halten zu dürfen, jedoch: januis clausis, non pulsatis campanis suppressa voce. cf. Esterl pag. 32 und Meiller Nekrologien von St. Peter und Admont p. 179 Anm. 51.

In dem handschriftlichen „Liber Copiarum variarum Traditionum, Permutationum, Rerumque aliarum memorabilium plerumque Capitulum Metr. Salz. Attingentium Ab Anno 885 usque ad A. 1518 inclusivae" heißt es: Actum et Datum Salzburge Anno dni, 1283. Juliana Abbatissa (?!), P. Priorissa totusque conventus ecclesie Nunbergensis Vlrico filio Regenwaldi, qui attinet Capitulo Salzb. titulo proprietatis contractum matrimonialem cum Margaretha filia Pabonis de Ermenprechtsdorff, quo ipsis attinebat, admisere, quod primus partus indifferenter sequatur ventrem, secundus vero Capitulo Salzb. et sic de reliquis etc.

Nr. 4. 1288.

(Mit Abbildung.)

St. Peter, im alten Kapitelsaale, dritte Reihe, Nr. 3, rother Marmor, 7' hoch, 3' 5" breit.*)

*) Die Reihen sind vom Eintritte in den alten Kapitelsaal vom Kreuzgang aus gerechnet; die Nummern zählen von der Mauer der Hauptkirche aus.

✠ VI· K· MARTII· OBIT· | DITMAR'· ABĀS· S· PET·

Dieser einfache Stein in dem nun verbauten und eine spitzbogige Vorhalle der Veitskapelle bildenden alten Kapitelsaale ist das älteste Grabdenkmal, das ich in St. Peter vorgefunden habe. —

Die Legende beginnt nahe am obern Rande und füllt zwei Zeilen; der Stein ist wohl erhalten und zeigt keine Spur von anderweitiger Inschrift oder figürlicher Darstellung.

Die Schrift ist Majuskel mit vorherrschend geradlinigen Buchstaben. Es zeigt sich eine besondere Liebe zum Wechsel der runden und geradlinigen Formen. Die Schriftzüge gleichen wesentlich denen von Nr. 1 und sind im Allgemeinen weniger kräftig und schwungvoll als sorgfältig und zierlich. Der vorletzte Buchstabe in Abas ist unsicher und das Wort vielleicht anders zu lesen. Dr. Gustav Heider, welcher seinen „Mittelalterlichen Kunstdenkmalen in Salzburg" in dem Jahrbuch der k. k. Centralkommission zur Erforschung und Erhaltung der Baudenkmale II. Band Seite 60 einige Inschriften von Leichensteinen aus dem 13 und 14 Jahrhundert, worunter auch die obige beifügte, las ebenfalls „Abas."

„Dietmarus prius Abbas Millstadtiensis monasterium gravibus Eccl. Salisb. procellis labefactatum in spiritualibus et temporalibus restauravit, disciplinam adhuc asservatam stabilivit et novitios etiam ex aliis quam nobilibus hominum statibus suscipere coepit." cf. Series Abbatum pag. 12. Chronicon novissimum Monasterii S. Petri pag. 291 ff. Nach dem Lib. Cop. pag. 244 bestimmte Ditmar den Erzbischof Friedrich II. a. 1278 den dritten Theil des jährlichen „Bugelto" zur Befestigung des jenseitigen Theiles der Stadt zu verwenden.

Nr. 5.

1300.
(Mit Abbildung.)

St. Peter, Veitskapelle, Reihe III. 1, rother Marmor, 7' hoch, 2' 7" breit.*)

ANNO· DN̄I· M·CCC· | XVIII· KAL·· SEPT· O·**)
CHUNRAD'· DE· OBE|RNDORF. ✠

Die Majuskelinschrift deckt das oberste Drittheil des Steines. Zu der Jahreszeit, wo der Marmor schwitzt und durch die Nässe jede Unebenheit mehr bemerkbar wird, glaubte ich unterhalb der Mitte die Umrisse

---

*) Die Reihen sind vom Eintritte in die Kapelle aus dem alten Kapitelsaal angenommen, die Nummern laufen von Süden nach Norden.

**) O· gleich obiit. Das Sigl für obiit ist ein O von einer bald einfach geraden, bald decorativ geschwungenen Linie schräg von unten links nach oben rechts durchschnitten mit wesentlich monumentalem Charakter und mag hier auf obige Art wiedergegeben werden.

eines Schildes zu erkennen; von Schildfigur, Helm und Kleinod schien jedoch durchaus nichts bemerkbar. Eine wiederholte und sezte Besichtigung mit Beiziehung eines Fachmannes hat jedoch für die Unwahrscheinlichkeit einer Figuration entschieden. Der Stein, welcher vor dem Ausgange in den nickern Friedhof liegt, hat gerade an dieser Stelle sehr durch Abwetzung gelitten.

In der Inschrift wechseln die geradlinigen Buchstaben regelmäßig mit den hackenförmigen ab, doch sind die leztern schon überwiegend.

Es zeigt sich nämlich in der Majuskelschrift, wie sie hier in Salzburg von 1235—1358 vorliegt, ein auffallend consequentes Vorwärtsschreiten vom beinahe alleinigen Gebrauch der litera quadrata zum ausschließlichen Gebrauch der litera uncialis. Auch ist bei allen Buchstaben, besonders aber bei den Uncialen, sowie in dem gefälligen Wechsel zwischen geraden und gekrümmten das Streben nach monumentaler Schönheit und ein zartes Gefühl für diese unverkennbar.

Die Copie einer Stiftungsurkunde zu St. Peter, J. B.*) A. III. 408, sagt: Milites de Oberndorf c. 1300 erexerunt altare S. Achatii in medio capollae S. Viti sub gradibus, quod Virgilius Abbas 1506 ad parietem doxtram (wo auch der Stein liegt) transtulit, in quo altari Missam quotidianam instituerunt, pro qua Monasterio reditus adtribuerunt ad 12 libr. 6 sol. 24 den. (c. 12 fl. österr. W.) so extententes. In den Custodierechnungen vom Jahre 1354 Seite 95 heißt es: daz sind die guet, die gehörent ze des Oberndorfer: Schinching, Nabrawt, Voeich, Hinderpurch, Ehring, Leuphring, Reisenperch.

Dr. Heider, welcher auch diese Inschrift neben der vorigen anschrieb, bemerkt dazu: Auch das Geschlecht der Oberndorf zählt zu den Wohlthätern des Stiftes. Ein Otto von Oberndorf schenkte im Jahre 1300 dem Abte Rubert aus bes. Anhänglichkeit gegen das Kloster zum Heile seiner Seele das Praedium Krannsberg und von Conrad von Oberndorf kaufte das Stift um 10 Salzburger nummos das Praedium Windbach im Pinzgau.

Bekannt ist ein heraldisch interessantes Schreiben eines „Marschalk von Oberndorf" an Rappold Rosenhardt von 1399, worin er von den Rittern und Knechten, die mit ihm das Turnier zu Zell besuchten, aussagt, daß sie weder die Schildfigur noch das Helmkleinod des Rappold kennen.

Chunrad do Oberndorf leistet mit mehreren andern Edelleuten Bürgschaft für Heinrich von Staufeneck a. 1293, siegelt in demselben Jahre eine von Gotschalk von Putzing ausgestellte Stiftungsurkunde und hat 1295 getaidingt mit Erzbischof Chunrad von Salzburg und geschworen „mit dienst und Treuen" x. Lib. cop. p. 328, 329 und 387.

Er trug vom Erzbischof das Schloß und Gericht Tetelham mit dritthalbhundert Heerstätten zu Lehen, in dem Revers darüber sagt er:

---

*) J. Biechter Mönch in St. Peter † 1753 schrieb 10 Quartbände und einige 30 Foliobände meist historischen Inhaltes sein Kloster betreffend, darunter: Acta Abbatum, welche hier und in der Folge citirt sind; die Schriften liegen als Manuscripte im Kloster.

daz ich dehein meiner Chinder aus des Gotshaus Gewalt mit Heurat
und mit dienst nimmer geben soll, und so ich ez überfür, so soll allez,
daz ich han aigen und Lehen, Gericht und Vogtey in des Gotshaus Lant
und Gebiet, dem Gotshaus ze Salzburg ledig sehn. cf. Juvavia p. 429
und 571 b, 583 a.

c. 1300.   Nr. 6.

Nonnberg, rother Marmor, 5′ 6″ hoch, 27″ breit, trägt das linke
Geländer über dem rechten Eingang in die Krypta.

DA· LEIT· CHVRAT· | D·TEISIGNER·

Die Majuskelinschrift, welche auffallender Weise erst auf dem untern
Drittheil beginnt, ist sehr gut erhalten.

Von einer weitern figürlichen Darstellung ist nichts bemerkbar. Die
Uncialen wechseln ganz regelmässig mit den Capitarbuchstaben wie bei
der Schrift auf Nr. 7, welcher auch die vorliegende sehr ähnlich ist.

Das Fehlen der Zeitangabe, die eigenthümliche Kürze der Inschrift,
besonders der Charakter der Buchstaben und die ganze Haltung der Form
weisen den Stein noch in das 13. Jahrhundert.

Im Museum zu Linz ist eine salzburgische von Herrn v. Koch-
Sternfeld erworbene Originalurkunde vom Jahre 1308 aufbewahrt mit
angehängtem, 5‴ hohem weissen Wachssiegel mit der Umschrift: S. Chon-
radi de Teising und einem Hufeisen als Figur des Dreieckschildes; aber
auf diesem Steine erscheint keine Spur einer Schildform.

Der Mönch Simplicius entnahm einem Grabsteine im Kreuzgang
zu St. Peter Folgendes: Anno Dni. MCCCXXXVIII. Chunradus de
Theising obiit. Dieser Stein ist nicht mehr vorhanden und kann auch
mit dem obigen nicht identisch sein; denn eine Uebersetzung und derartige
Vervollständigung einer Legende wäre eine vereinzelte Ausnahme; die Stiftungen der Aniversarien für diesen Chunrad, welcher 1338 starb, sowie für
seine Frau und seinen Vater sind in St. Peter, somit war er nach dem
Begräbnissrechte auch sicher dort begraben. Nonnberg hatte zwar das
freie Begräbnissrecht durch Papst Gregor X. im Jahre 1273 in einer
ausführlichen Bulle erhalten, aber mit der ausdrücklichen Beringung:
„ohne Nachtheil jener Kirchen, von welchen die Leichen weggeführt werden." Eine Uebertragung des Steines ist auch deßhalb nicht möglich,
weil die Stufen, wozu in Nonnberg der Stein verwendet wurde, früher
gebaut wurden, als Simplicius (1476) schrieb.

Im Jahre 1324 giebt Perchta die Teisingerin „die Müll in der
Trägazzen" zu einer Stiftung für sich, für ihren Vater Otto den Preu-
singer, für Herrn Chunrat ihren Wirten und für Chunzlein ihren Sohn.

1332 giebt Chuno der Tehsinger in die Oblay ein giettl „leit pei
Flederbach, haizt datz dem Schutz, dient ein halb Pfund salzb.
Pfennig."

1241 errichtet Chunradus de Teisingen civis Salzb. altare (S. Joan.

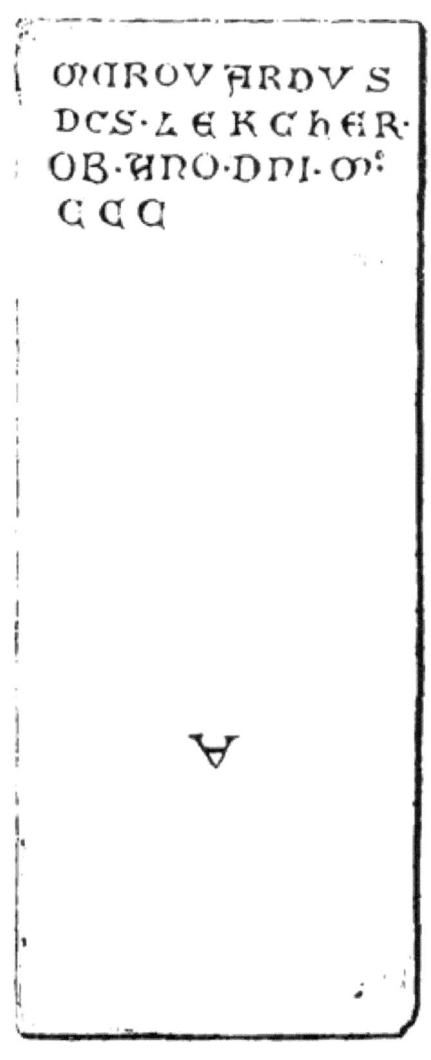

Evang.) in Ecclesia b. Petri und gibt zu Stiftungen drei Pfund Einkommen von den in Abtenau liegenden Gütern: „Jimpou", „In der Wintou" und „Gebhartslehen". Dieß will er folgendermaßen vertheilt wissen: In die dedicationis ejusdem altaris 5 solidi et 12 denarii pro consolatione fratribus in refectorio ministrentur. Similiter in die b. Joannis ante latinam portam 50 denarii pro simili (Semmel, Weizenbrod) et in aniversario avunculi sui Chunradi 5 solidi et 12 denarii pro consolatione fratribus persolvantur et monalibis 50 denarii pro simili et 50 den. pauperibus in eleemosinam distribuantur etc.

Es ist wohl anzunehmen, daß Einzelne dieses Geschlechtes vor 1241 auf Nonnberg beerdigt wurden; daß dieser Stein dem erwähnten Chunradus avunculus (also vor 1241) gesetzt wurde, verneint aber der Charakter der Schrift, welcher entschieden auf das Ende des 13. Jahrhunderts weist. Unter den Monales sind die Nonnen zu St. Peter und nicht die auf dem Nonnberg zu verstehen.

Die Theisinger (Teisinger) erscheinen in Salzburg im 13 und 14 Jahrhundert als ein wohlbegütertes Geschlecht, wie auch noch Stiftungen aus den Jahren 1363 und 1375 darthun. Chunradus de Toysing leiht mit zwei andern Bürgern 1299 dem Erzbischof 200 Mark Silber gegen Verpfändung einiger Güter am Rockstein. Auch als Zeuge erscheint Chunradus dictus Toysingarius 1245 und Chunradus Toysinger 1250. Lib. cop. p. 56, 316, 316.

Nr. 7.   1300.

(Mit Abbildung.)

St. Peter, westlicher Kreuzgang, 6 Lage, der Länge nach gelegt, 6′ hoch, 2′ 5″ breit, rother Marmor.*)

MARQVARDVS | DC̅S̅· LEKCHER· |

OB· ANO· DN̅I· M· | CCC· |

Die Majuskelinschrift, in welcher die Uncialen entschieden vorherrschend sind, nimmt das oberste Viertheil der Fläche ein.

---

*) Die Lagen der Platten im westlichen Theile des Kreuzganges sind gezählt vom Eintritte durch die Thüre, welche vom Hofe aus zunächst dem Portal der Hauptkirche in das Kloster führt; ebenso die Reihen im südlichen Theile des Kreuzganges, welcher gewöhnlich einfach „Kreuzgang" genannt wird und sich längs der nördlichen Seitenmauer der Hauptkirche hinzieht. Dieser Theil des Kreuzganges ist vom Eintritte in denselben bis zu seiner Mündung in den alten Kapitelsaal ganz mit Grabdenkmälern belegt und zwar von 14 Reihen, die durchschnittlich 7′ hoch sind und zu je 3—5 neben einander liegen. Diese einzelnen Reihen sind in der Richtung von der Kirche gegen den Klostergarten gezählt.

In Mitten der untern Hälfte des Steines ist das Zeichen eines auf den Spitz gestellten großen A der heutigen latein. Capitarschrift, ähnlich einer Hausmarke oder Schildfigur; über die Umrisse eines Schildes kann keine Vermuthung ausgesprochen werden, da der Stein zu sehr abgelaufen ist. Unter den verschiedenen Kleinoden in den Wappen der Lecker ist kein ähnliches Zeichen aufzufinden. Eine Meinung darüber ist bei der folgenden Nummer ausgesprochen. Herr Dr. Heider hat auch diese Inschrift l. c. aufgenommen.

Nr. 8.

Folgender Stein möge hier eingereiht sein, welcher dieselbe Marke wie Nr. 7 trägt und nach dem Charakter seiner Inschrift kurze Zeit nachher verfertigt wurde.

Ein Quadrat von beinahe drei Fuß von rothem Marmor in der Margarethenkapelle, theilweise von der obern Altarstufe rechts zugedeckt, wahrscheinlich bei seiner gegenwärtigen Einfügung unten abgeschnitten. Neben der Marke, welche dem bei Nr. 7 erwähnten Zeichen ganz gleich ist, sind in gerundeten Buchstaben die Worte:

JESU· FILI· DEI· MISERERE· MEI·

Es ist nicht bekannt, worauf sich dieser Stein beziehen mag. Eine ähnliche Legende findet sich ebenfalls ohne Zeitangabe jedoch mit Beifügung des Namens auf dem Nonnberg beim rechten Eingang in die Krypta von c. 1500: „Miserere moi Domine secundum | magnam misericordiam tu | am. Ulricus Gerhartsberger", darunter die Symbole der Priesterwürde.

Dasselbe Zeichen erscheint auch unter den Steinmetzzeichen auf einer Gewölbgurte in den uralten Kirchenruinen zu Kloster unsern Münchengrätz im Bunzlauerkreis, wo schon 1054 ein Benediktinerstift angelegt wurde und dürfte vielleicht als Steinmetzeichen von Benediktinern angesehen werden (cf. Mittheilungen der k. k. Central-Commission 1864 XLIV. und 1862 S. 52). Es liegt die Vermuthung nahe, daß dieses das Zeichen derjenigen Benediktinermönche war, welche die Baukunst bes. übten. (cf. Pezolt: Vorträge über Geschichte der christlichen Kunst, Salzburg 1866, S. 169—175.)

Gerade an diesen Platz, an dem der Stein liegt, knüpft sich eine interessante Grabesnotiz des Mönches Simplicius, die ich aus den Mannscripten hier anführen will.

Seniorem relatu veridico anno 477 Geroli urbem juvavensem aggressi, in speluncis montis circum quoque ad 50 christianos eremitantes inter quos erat quidam prespyter sanctae vitae Maximianus nomine reperientes de ipso monte praecipitaverunt, quos alii christiani qui evaserunt colligentes in loco, ubi nunc est capella S. Margarethae et S. Amandi, sepeliverunt .... Eadem capella probatur per S. Rudbertum consecrata atque expensis suis aedificata, quam vocavit cimiterium S. Amandi, in honorem S. Margarethae vrg. et S. Amandi Epc. — Accepi et ego relatu et fama plurimorum, quod ab hoc ultra viam communem cimiterii nostri, quo ascenditur ad Nunburgam, nullus unquam sepelitur aut sepultus recolitur, quod locus ille Sanctorum de monte projectorum sanguine sanctus praesumitur; eadem ratione in capella praefata nullus sepultus recolitur donec anno dui. 1454, quo anno Virgilio Uiberacker sculptura concessa est. Sed qua propter reliquiae Sanctorum hoc (in capella?) non videbantur, anuendum: (quod ab antiquis famabatur,) quod istae reliquiae Sanctorum devote (de monte?) projectorum essent in simul reconditae sub quodam assere, ubi intratur ad altare (Auf dieser Stelle rechts liegt der Stein Nr. 8). Commisit D. Abbas Petrus (1436—1466) mihi (Simplicio; er schrieb dieses anno 1476) et aliis fratribus, ut asserem illum levaremus, utrumne aliqua certitudo inveniri posset; sed nos asserem levantes suptus lapidem marmoreum album quasi quadratum et in una parte confractum sicque formatum, quod elici non potuit ad quid fuisset factus, invenimus; quem elevantes in angulum ubi hodie jacet (?) volvimus; terram vero versus pistrinum fodientes rupem montis invenimus ex alia parte terram petrosam, sed penitus (durchaus Nichts von?) de ossibus exceptis paucis hinc inde dispersis, quae in unum posuimus. Unde praesumebatur, quod intra partem interiorem ipsius capellae (im Chor beim Hochaltar) Sanctorum reliquiae essent reconditae et fuit admissa sepultura retro in ea capella primum anno 1454 instantinis precibus nobili Virgilio Yberacker Capitaneo Salisb. ipsi et progeniei.

Daraus ist ersichtlich, daß derjenige Theil des Friedhofes, welcher zwischen der Felswand des Berges und zwischen dem öffentlichen Wege, der an der Margarethenkapelle vorbei nach dem Schlosse führt, gelegen ist, aus Pietät vor dem darauf vergossenen Blute der von der Wand herabgeworfenen Christen völlig unberührt blieb und erst nach dem 15 Jahrhundert zu Gräbern und zu der schönen Gruftreihe benützt wurde; ferner daß die Gebeine dieser Martyrer vergebens schon damals gesucht wurden und daß vor der Familie Ueberacker vor 1454 Niemand in der Margarethenkapelle beerdigt wurde, obschon einige Grabsteine in derselben eine frühere Jahrzahl aufweisen.

Nr. 9. c. 1300.

(Mit Abbildung.)

Nonnberg, rother Marmor, 5' hoch, 28" breit. Der Stein bildet die oberste Stufe der Treppe zum südlichen Eingang in die Krypta.

HIE· LEIT· ELSP|ET·DES·VENE|DIGER· HAWS FRAW·

Die Majuskelinschrift ist auf dem obersten Viertel des Steines angebracht. Das entschiedene Vorherrschen der Uncialen, das Fehlen der

Zeitangabe und besonders der Charakter der Schrift weist auf das dritte Viertel des 13 Jahrhunderts. Die ganze Anlage und Ausführung des Denkmales gleicht wesentlich Nr. 5.

In der Mitte des Steines ist ein Wappenschild. Die Contouren desselben zeigen den regelmäßigen, 17" hohen und am obern Rande 13" breiten Dreieckschild mit g..abrundigem Oberrand, die Seiten sind einfach convex sanft ausgebogen und treffen sich unter einem Winkel von 75 Graden.

Die Schildfigur, wohl eine Hausmarke von rein linienförmigem, „semiotischem" und ohne allen „literalen", buchstabenförmigen Charakter, gleicht zwei gewöhnlich gebrauchten, griechischen großen Σ, gleich dem obern Theile der Vischerischen Hausmarke (cf. Anzeiger für Kunde deutscher Vorzeit 1863 Nr. 7, S. 248, 343), wovon das eine gegen den obern Rand, das andere gegen die Schildspitze gewendet; beide sind in der Mitte durch eine Linie verbunden. (Doppelter Dreizack?) Die Frage, ob dieses Schildzeichen die Hausmarke der Benediger war oder dem unbekannten Geschlechte der Frau zukam, kann ich aus meinen Hilfsmitteln nicht beantworten. Das Wappen der Benediger ist nach Siebmacher ein linker Schrägbalken mit einem Vogel, der auf einem gekrönten Aale steht und diesen in die Krone pickt. v. Hefner sagt in seinem Handbuch der theoretischen Heraldik S. 248, daß die Frau anfangs unter dem Schilde ihres Mannes oder unter dem ihres Vaters allein ruhte; Ersteres scheint jedoch im Salzburgischen zu dieser Zeit (c. 1300) maßgebend gewesen zu sein, denn in einer Originalurkunde vom Jahre 1297 heißt es: „und wand ich min aigen insigil bei mir nicht han, so han ich disen brief gebeten ze versigeln mit meines herren, des Erzbischophen Chunrates von Salzburch, Otten von Goldek, meines bruders und frawen Gertruten, meiner swester insigiln. Es hängen nun zuerst das erzbischöfliche 14''' große Originalsiegel, dann jenes von Otto von Goldek 7''' hoch und zulezt das mit der Umschrift „Gertrudis de Goldek", welches aber nicht das Goldeckische Kleinod, sondern (das ihres Mannes) „einen auffliegenden Falken eine Blume im Schnabel tragend", das ganze Rund innerhalb der Umschrift ausfüllend aufweist. Dieses Siegel ist nur 3''' hoch.

Als Schildfigur der Benediger erscheint auf dem Siegel einer salzburgischen Originalurkunde im linzer Museum vom Jahre 1420 auf unten rundem Schilde „ein Pfeil und ein Spaten geschrägt."

Unter zwei Schilden, dem sogenannten Heirathswappen, ruht hier zuerst Margaretha Hutter uxor Jacobi Waller † 1431 und zwar in der Weise, daß von den zwei gegeneinander gelehnten Wappenschilden rechts der hutterische und links der wallerische steht.

Das Geschlecht der Benediger kommt im Lib. cop. pag. 949, 982 und 985 erst mit Rupert Benediger Spitalmeister zu Salzburg 1419 und 1420 vor, es ist besonders im 15 Jahrhundert als Handlungshaus in Salzburg hervorragend. (cf. Programm des k. k. Staatsgymnasiums zu Salzburg 1865 S. 20 u. a. a. O.)

St. Peter Kreuzgang 1300 Nº 10. gez v. K. v. Prey. lith. v. P.

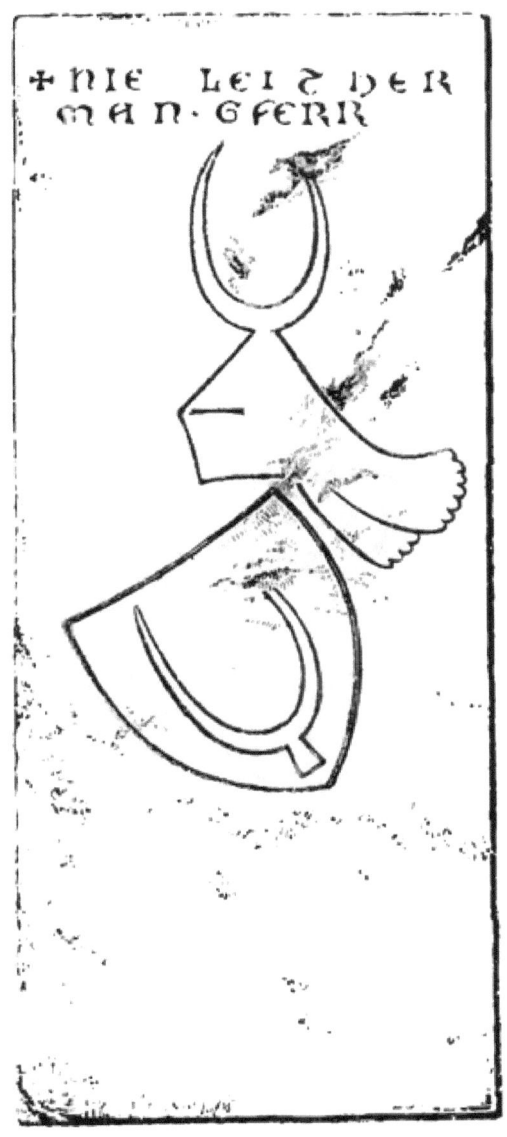

Nr. 10.   c. 1300.

(Mit Abbildung.)

St. Peter, Kreuzgang, rothgrauer Marmor, 6′ 8″, hoch 2′ 9″ breit.

HIE LEIT HER MAN GAERR.

Der Stein liegt mitten im Gange und hat durch Abwetzung und Auspröckelung sehr gelitten. Die Legende des Namens ist theilweise bis zur Tiefe des Schriftzuges ausgetreten. Andere lesen Hartman; die beiliegende Zeichnung dieses Denkmals hat Anspruch auf die größte Gewissenhaftigkeit. Die Inschrift findet sich nahe am obern Rande und gleicht am meisten den vorhergehenden auf Nr. 5, 6 und 9.

Nach dem klar ausgesprochenen Charakter der Schrift und nach der ebenso charakteristischen Fassung der Legende kann die Anfertigung des Denkmals nicht nach dem ersten Decennium des 14 Jahrhunderts geschehen sein und fällt jedenfalls vor das Denkmal des Ritters von Prunning, mit dem es zu vergleichen ist. (cf. Nr. 15.)

Dieser Stein ist deßhalb besonders zu beachten, weil er unterhalb der Legende das erste und älteste auf salzburgischen Denkmälern erhaltene, vollkommene Wappen, nämlich: den Schild mit der Schildfigur (Schildkleinod), den Helm mit der Helmdecke und das Kleinod (Helmkleinod) in deutlich erkennbaren Umrissen trägt. Das ganze Wappen von der Schildspitze bis zum obersten Ende des Helmkleinodes ist 38″ hoch; unterhalb des Schildes bis zum Rande ist ein Raum von 20″ leer.

Der heraldische (im praktischen Leben in gleicher Form wirklich gebrauchte) Dreieckschild ist 16″ hoch und oben 14½″ breit. Die obere Linie ist sanft concav gebogen, die beiden Seitenlinien laufen von der Basis (vom obern Schildrande) an einfach convex und treffen zusammen unter einem Winkel von 92 Graden.

Der Schild ist rechts gelehnt und trägt über seiner obern, linken Ecke den Kübelhelm, dessen Form genau der des folgenden Wappens auf Nr. 15 entspricht, nur ist hier das Kreuz für die Panzerkette nicht zu finden, dagegen ist die Zeichnung der mantelförmigen Helmdecke vollkommen sichtbar. Diese liegt am Helme fest an, stülpt sich sodann in einen bauschigen Bogen auf und fällt bewegt, am untern Saume scheinbar ausgezackt, vom Helmraute an gerechnet noch etwa 8″ lang, ziemlich steif gegen den Rand des Steines hinaus ab.

Auf dem Scheitel des Helmes steht das Kleinod, eine Wiederholung der Schildfigur, bestehend aus einer Heugabel. (Schußgabel, zweizackig, an der Basis gerundet, wie sie mit zwei angesteckten Garben die steiermärkische Familie Methnitz im Schilde führt.) —

2ᵃ

1307.   Nr. 11.

(Mit Abbildung.)

Nonnberg, im nördlichen Schiff der Kirche unter der Empore vor dem Eingange in die Klausur, schöner, rother Marmor von dem nahen Adueter Bruch, 6' 6" hoch, 2' 7" breit.

ANNO · DO͘ · M · CCC · V̇II | IIII KAL' · FEB'ARII · O'.|
ELYZABET · DE · SVNN | BERCH · ABBATISSA · : IN ·
NVNNBVRCH · PIE MEMORIE · ✠

Die Inschrift bedeckt das oberste Drittheil des Steines, die übrige Fläche ist leer; die Mischung der gekrümmten und geraden Buchstaben ist äußerst gefällig und sorgfältig durchgeführt. Die Buchstaben selbst zeichnen sich durch Schärfe und Sicherheit des Schnittes, Schönheit und Zierlichkeit der Rundung und der meist nur geringen Ausschweifung musterhaft aus.

Die Uncialschrift auf Marmor zeichnet sich in Salzburg durchgehends charakteristisch aus durch starke Verdünnung und geringe Tiefe sämmtlicher Buchstaben beim Ansetzen, Biegen und Ausschweifen, überhaupt bei jeder Rundung und Wendung. Vielfach mag dazu die befangene Nachahmung des Schleppinselstriches der Mönchschrift beigetragen haben; die Hauptursache ist aber offenbar im Materiale, im Marmor zu suchen; denn dieser ist wenig zäh, bröckelt bei jeder Biegung sehr leicht aus und fordert bei seiner Härte einen kräftigen Hammerschlag. Daher kommt es auch, daß wir hier die einzelnen Buchstaben in Größe und Stellung oft von einander abweichen sehen und daß besonders diejenigen, welche viele Rundung haben, an Schönheit den andern nachstehen, z. B. das S bei Nr. 5, 8, 15 und hier. Auch ist bei dem vorliegenden Steine das Streben nach monumentaler Schönheit der Schrift besonders hervorzuheben.

Zum ersten Male finden wir hier der genauen Angabe von Zeit, Name und Charakter noch ein ehrendes Attribut beigefügt und wohl das schönste, das man je für einen Verstorbenen auf einem Grabsteine finden kann. Außer bei Erzbischof Hartwicus † 1023 und der Äbtissin Hilta dürfte die Auszeichnung „pine" und „beatae" memoriae in dieser ältern Zeit sich kaum das eine oder andere Mal noch in den verschiedenen Nekrologien und Aufzeichnungen in Salzburg vorfinden.

Elisabeth III. ließ den Virgilialtar und die Katharinenkapelle weihen und wird als treffliche Leiterin und Mehrerin des Klosters bei schweren Zeiten gerühmt. Sie ist die 33 Äbtissin auf Nonnberg und regierte von 1284—1307.

Die Sunnberche (nicht Sonnenberge, welche ursprünglich zum Adel von Turgau in der Schweiz gehören) gehören zum ausgestorbenen österreichischen Adel. Sie kommen urkundlich nur von 1201—1324 vor. —

Tserbers 1307. T(° 11. tg. v. K. v. Prey. Lith. v. B)

ANNO·DO·M·CCCVII
IIII·KAL·FEBARII·O°·
ELVZABET·DE·SVNI
BERCH·ABBATISSA
IN·NVNBVRCH·PIE
MEMORIE ✝

Leutwein von Sunnberch trug mit seiner Gemahlin Gisla von Chunring vom Bischof von Regensburg Pranbeck im Mühlviertel bis 1298 zu Lehen. Ritter Hadmar von Sunnberch spricht als kaiserlicher Spruchmann dem Ulrich von Lobenstain das ihm von Ottokar von Böhmen genommene Dorf Ottenschlag als kaiserliches Lehen im Jahre 1277 wieder zu und ist einer der geschworenen Räthe, welche der Kaiser Rudolf seinem Sohne Albrecht, dem Herzog von Oesterreich, beigibt.

Aus der Verwandtschaft der Abtissin mit dem herzoglichen Rathe dürften theilweise die besondern Begünstigungen, welche Albrecht dem Kloster Nonnberg erweist, hergeleitet werden. So gibt er demselben die freie Durchfuhr von 25 Fuder Wein und 25 Mutt Getreide, die das Kloster trotz wiederholter Anfechtungen durch 500 Jahre hindurch fortan genoß. In seinem Briefe darüber sagt er: Abbatissae et conventui, quorum advocati veri existimus, liberaliter duximus indulgendum, ut eisdem 25 Carratae vini et 25 modii annonae, quos annuatim de culturis suis (??) habuerunt, vel quibus indiguerint per nostras terras libere ducantur. Hansiz: Ger. sac. II. 399 f. Prevenhueber: ann. styr. p. 413.

Nr. 12. 1315.

St. Peter, Heiliggeistkapelle, an der südlichen Mauer am westlichen Ende aufgestellt, grauer Marmor, 6' 10" hoch, 3' breit, sehr gut erhalten.

ANNO · DNI · M · CCC · XV . VIII · KAL · OCTOBRIS ·
RECON · DITAE · SUNT · HIC · | HEE · RELIQUIE ·
A · DOMINO · WICHARDO · | ARCHIEPO · SALZB ·

Diese Umschrift beginnt oben rechts und umschließt den Stein vollständig.

In der Mitte stehen in der Quere geschrieben (rechte Breitseite oben) die Worte untereinander:

SANCTUS · RUDBERT · | SANCTUS · MARTINUS ·

Unten innerhalb der Randschrift und aufwärts (also der Randschrift entgegen) gekehrt steht:

SCS · ✠ SANCTA · CHRISAT · ✠ DARIA ·

und ebenso steht oben abwärts gewendet:

SANCT · SANCT · | HERMES · VICENI ·

Die Schrift unterscheidet sich von den früheren durch markige Derbheit und nüchterne Construction. Man fühlt beim Anblick mehr den Zirkel und das Richtscheit der Gothik als den freien Pinselstrich der romanischen Uncialschrift.

Die Legende zeigt den Unterschied dieses Denkmales von einem gewöhnlichen Grabstein hinreichend; es ist jedoch nur als solcher anzusehen. Die Chroniken berichten:

Der hl. Rubert wurde in der Kirche seines Klosters begraben.

Sein ursprüngliches Grab im rechten Kirchenschiffe zu St. Peter hinter dem Rubertusaltare ist heute leer und von einer Grabeslampe beständig beleuchtet. Um das Jahr 777 trug sein Nachfolger, der heilige Virgilius, einen Theil des heiligen Leibes, quae ossa a pectore sursum sunt, in die neu gebaute Domkirche; der Rest blieb im Grabe zu St. Peter. Der Erzbischof Hartwik, 991—1023, hob die Reliquien des heiligen Rubertus in der Domkirche wieder und legte neben sie den Leib des heil. Martinus. In der Folgezeit wurden ebenso noch andere Rellquien, die nach Salzburg kamen, nebenan beigesetzt.

Am 1 August 1315 öffnete Erzbischof Weichartus die marmorne Tumba des heil. Rubertus und fand die Reliquien desselben sammt dem Haupte. Außerdem fand er die Reliquien der Heiligen: Martinus, Hermes, Chrhsantus, Daria und Gislarius.

Am Feste Mariä Geburt wurden sämmtliche Reliquien für das Volk ausgesetzt und am folgenden Rubertifest weihte der Erzbischof in der Domkirche den Rubertusaltar ein, in dem eine neue Tumba angefertigt war, wohin die einzelnen Reliquienbehälter in der auf dem vorliegenden Steine bezeichneten raumlichen Ordnung aufgestellt wurden. Dieser vorliegende Stein deckte das gemeinsame Grab bis zum Jahre 1602, wo Erzbischof Wolfgang nach dem Dombrande den Altar abbrechen und die Reliquien in die Magdalenen-Hofkapelle überbringen ließ. Der Stein wurde nach St. Peter gerettet und war beim Grabe und Altar des heil. Rubertus in der Klosterkirche aufgestellt, bis die famose Renovation der Klosterkirche ihm den gegenwärtigen Winkel anwies. Der eine Theil der Reliquien, die er einstens deckte, die des Rubertus und Martinus, ruhen seit 1628 in dem Hochaltar der Domkirche, die übrigen blieben weniger beachtet in der Magdalenenkapelle im Winterschlosse.

1321.   Nr. 13.

(Mit Abbildung.)

Nonnberg, im linken Schiffe der Kirche, nördlich vom Marienaltar, rother Marmor, 7′ 6″ hoch, 3′ 2″ breit.

ANNO · DN̄I · Ṁ · CCC · XXI ·   VIII · ID' · MAII · O'.
MARGA | RETA · ABB'A · MON̄ · NUNB̄   GEN'·

⁜ ANNO · DNI · M · CCC · LXVII
· DIE · XXVI · NOUEB · O · DNA
HIDUIG · WEIZZENEKK
ERATIS · SA · TODASTE
RII · NUDEBURGH · h · SEP·

ANNO · DNI · M · CCCXXI
VIII · TO · M · AII · O · MARGA
RATA · ALBA · MON · NUNb
GEN ·

hie leit fraw · margret · die
pernekerin · abtessinn · czu ·
nuuburrg · dv · gestorben · ist ·
nach · christi · gepurte · Virez
chenhundert · iar · vnd · darna
ch · in · dem · virden · Jar · des
nachsten · tag · nach · sand ·
ambrosen · tag ·

Die ganze Inschrift besteht mit Ausnahme von vier Buchstaben aus Uncialen, ist weich, zierlich, fast gekünstelt, mehr Federstrich, der sich der Leichtigkeit des Pinselstriches nähert, und steht wenig über der Mitte des Steines. Auffallender Weise fehlt hier der Geschlechtsname, der bei der frühern und bei der folgenden Abtissin beigefügt ist.

Auf demselben Steine befinden sich noch zwei Inschriften: Nr. 27 und 42. Der Stein kann als Muster angesehen werden für die Art der Beerdigung und des Zusammenschreibens der Legenden der Abtissinen.

Margaretha von Gebing wird zur Nachfolgerin der Elisabeth von Sunnberch im Jahre 1307 als 34 Abtissin aus dem Frauenkloster bei St. Peter auf den Nonnberg berufen und leitete diese Abtei 14 Jahre glücklich. Von ihr ist noch ein Brustbild aufbewahrt, dessen Postament aus vergoldetem Kupfer die Inschrift trägt: Anno Dni. MCCCXVI pns. opus patratum est a Dna. Margareta honor. Abba. — Sie kaufte dem Kloster ein Gut in Seebach, richtete ein Krankenhaus im Nonnthal ein und vermachte dahin einen Weingarten bei Arnsdorf und ein Gut im Pongau. Ihre angesehene Familie ist in dem Lib. cop. in den Jahren 1272, 1282, 1289, 1290, 1307, 1333, 1347 vielfach angeführt. Karl, Jacob und Albrecht von Gebingen erscheinen allenthalben als Zeugen und Schiedsrichter; der erste vermittelte auch die Befreiung des Heinrich von Perghaim aus der Haft des Erzbischofs Friedrich II. a. 1279.

Nr. 14. 1323.

Nonnberg, im Mittelschiff der Kirche, der mittlere in der ersten Reihe vom Hochaltar her, rother Marmor, 6′ 11″ hoch, 3′ breit, ziemlich stark ausgebröckelt und abgewetzt.

A͞N · DNI · Ṁ · CCC · XXIII · VIII · KL' · JAN · ANNA.
DE · |P₍er₎CHAIM · ABATISSA · HVIUS · ECCL'IE · OBIIT ·

Die Legende bedeckt das oberste Viertel der Steinfläche und stimmt mit der vorhergehenden besonders im Zuge der Majuskelschrift überein. Die Buchstaben außer T sind alle uncial, nur die Liebe zum Wechsel erhält auch hier einige geradlinige Lapidarformen. Einzelne Abweichungen von dem Frühern finden sich in der Schreibweise mehrerer Wörter, in der Bezeichnung des Geschlechtes und des Klosters und in der ungleichen Höhe der Schrift, doch hat derselbe Meisel offenbar beide geschrieben. Die Bezeichnung huius ecclesiae findet sich hier zum erstenmal; wird aber von da an auf Nonnberg und in St. Peter größtentheils für monasterii gebraucht.

Anna v. Pertheim (Bergheim) war die 35 Abtissin und regirte blos von 1321—1323 in der traurigen Zeit, wo bei dem unweit entfernten Ampfing der Kern des salzburger Adels erschlagen wurde und der Erzbischof flüchtig sein Land verlor. Außer ihrem Namen ist in den Klosterhandschriften nichts von Anna I. vorhanden.

Das Lib. cop. nennt von der Familie Pergheim wiederholt einen Marquard 1216—1254, einen Gerhoh 1219—1228, Rudger 1226—1248, Liebhard 1255—1282, zwei Hermann 1278—1322, Heinrich 1279—1299, Altman und Chunrat 1281, zwei Friedrich 1281—1353, zwei Marquard 1323—1366. Friedrich und Marquard verkaufen 1336 an den Erzbischof Friedrich ihr Gericht zu Anthering, welches Lib cop. p. 600—603 genau beschrieben ist. Die Güter, die zu dem Gericht gehören, dienen 100 Gericht Hühner und der Kaufschilling beträgt 370 Pfund Wiener Pfenning. Juvavia 583.

Im indiculus Arnonis ist Pergheim unweit der Fischach im Chiemgau genannt: ad Fiscaha. Nach Hund I. 101 waren die Nobiles de Perckhaim Erzmarschalle des Fürsten, und auf sie folgten die Nobiles de Pientzenawv.

1327.   Nr. 15.

(Mit Abbildung.)

St. Peter, im Kreuzgang, Reihe XIV. 5, vor dem alten Kapitelsaal, rother Marmor, 6′ 6″ hoch, 3′ breit.

AN · DŌ · M · CCC · XXVII · XI · KL · FEBR · HEINRI : CUS.
MILES · D′ · PRVN NING · O′.

Die Majuskelinschrift stimmt in technischer Anordnung und Ausführung der einzelnen Buchstaben, in dem Wechsel der geraden und der verschiedenen krummen Formen und in der ganzen Haltung mit den beiden vorigen überein, nur sind die Züge etwas martiger und weniger geziert. Die Inschrift bedeckt das oberste Viertel der Steinfläche. Die Legende würdigte Dr. Heider l. c. ebenfalls der Aufnahme.

Die mittleren zwei Viertheile enthalten die Contouren des vollständigen Wappens, nämlich des Schildes mit einer heraldischen Figur, des Helmes mit der Helmdecke und des Kleinodes oder der Helmzierde.

Der Dreieckschild mit kaum bemerkenswerth eingebogenem, 15″ breitem Oberrande und bis gegen den vierten Theil der Höhe nahezu rechtwinklig laufenden, dann einfach convex zu einem Winkel von 90 Graden einbiegenden Seiten ist 18″ hoch, rechts gelehnt und trägt ein schräg rechts gelegtes halbes Mühlrad als Schildfigur. Auf der obern, linken Ecke sitzt im Profil der kleine, nur den Kopf umschließende Topfhelm, dessen Okular sich als ziemlich weiter Schlitz von dem stumpfen Winkel an, in welchem der obere und untere Helmtheil vorne zusammen-

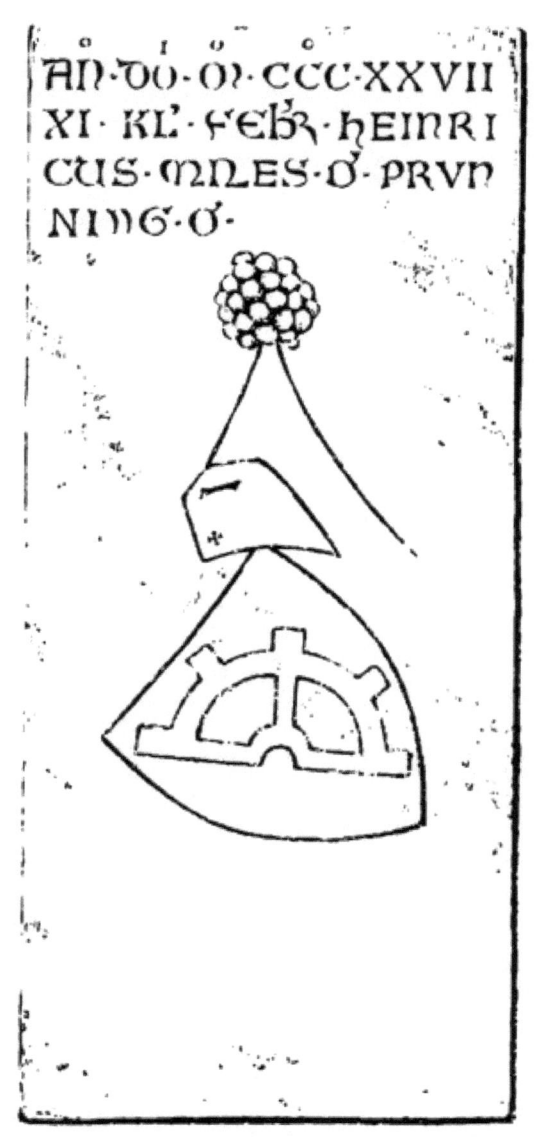

treffen, 2½ Zoll breit quer über den Helm hinzieht. Darunter befindet sich das für die Panzerkette eingeschnittene Kreuz. Das Helmkleinod besteht aus einem Büschel von 24 Ballen (Federn? Pinien?), auf einem über den Helm gezogenen, einem stulplosen, hohen heraldischen Hute ähnlichen Halter, dessen Linien sich in die naturgemäß herabfallende Helmdecke undeutlich verlieren.

Dieses ist der zweite Stein in Salzburg, der sämmtliche Bestandtheile eines vollkommenen Wappens aufweist; er trifft im Wesentlichen mit dem ersten (Nr. 10) überein. Die Schildform stimmt genauer zu Nr. 9 als zu 10, jedoch ist das charakteristische des Dreieckschildes bei allen gleich. Im 13 und 14 Jahrhundert sind die wirklich im Kampfe gebrauchten, aus verschiedenartigem Stoffe bestehenden, auf der Außenseite mit gewissen, den Träger nennenden Zeichen bemalten heraldischen Schilde dreieckig, ungefähr 2½ Fuß hoch und 2 Fuß breit, an den Seiten meist mehr oder weniger gleichmäßig ausgebogen.

Die Form der Schilde ändert sich nach der Zeit ihrer Anfertigung und zwar ganz allgemein, so daß man nämlich zu einer bestimmten Zeit nur eine uniforme Schildform findet, und auch aus der Schildform auf die Zeit der Anfertigung schließen kann.

Diese älteste Form dauert in Salzburg bis 1388; in diesem Jahre erscheint der erste unten runde, der sogenannte „halbrunde" Schild. Es ist auch bemerkenswerth, daß gerade bei den eigentlichen Schutzwaffen: Schild, Helm und Panzer, im späteren Mittelalter vollkommene Uniform vorhanden ist. „Die Höhe der Schilde auf Rittersiegeln verglichen mit der Höhe des Ritters ergeben im 12 und 13 Jahrhundert die Hälfte, Ende des 13 und im 14 Jahrhundert ein Drittheil der Mannshöhe". v. Hefner pag. 50.

Schon der Indiculus Arnonis zählt „Ad Brunninga" zu dem Gebiete des heiligen Rubertus im Ciemgau. Juvavia Seite 144.

Heinrich von Brunning und seine Nachkommen sind vielfach in der salzburgischen Geschichte zu finden. Das Lib. cop. erwähnt Seite 308 eines Streites, den Heinrich und einige Laien von Salzburg gegen das Domkapitel führt, so daß ein Schiedsrichter vom Papst Bonifacius VIII. selbst im Jahre 1300 ernannt wurde. Erzbischof Friedrich III. „löset von Herrn Heinrichen von Prunning, dem get guac, Chuzen anno 1329 den hof ze Abtsdorf und das guet daselben, da Friedrich der Enntl auf sizt, und verleiht im Jahre 1335 an Ethard, Ruger und Otte von Prunning und ihr Erben all die Lehen, die ihr Vater Heinrich und ihr Brueder Heinrich gehabt haben: Das Aigen ze Prunning ꝛc. ꝛc." lib. cop. p. 566, 595 und 622. Im Jahre 1310 sprach der Erzbischof Heinrich wegen des Zehenten des „panhoves ze pruning, der in die Oblay (Kirchenrechnung) gehört, aus: das man den Zebent auf dem genanten hof dreschen sol, und sol der Tranh des Oblayer sein und die Stra der Prunninger und sol der Oblayer der drescher los geben und die Prunninger der drescher Kost." In Vigilia Leonis papae debetur vigilia cum nota Hainrico de Pruning laico. J. Beichter 1. 25.

·ANNO · DNI · M · | CCCXLIII · VIII · KaL . MAII · O'.
WULFI | NGUS · DE · GOL | DEK · PINCERNA ·
ECCE͞ · SALZB'.

Diese Umschrift bedeckt alle vier Seiten des 8" breiten Randes. Die Buchstaben sind 5" hohe und bis 5"' breite Unciälen, beinahe kreisförmig gerundet, an den Enden nicht wie bisher dünn ausgeschweift, sondern meist excentrisch ausgebogen. Die einzelnen Buchstaben sind mit künstlerischer Freiheit und Sicherheit schwungvoll gezogen — ein Muster vollkommen gerundeter Schrift in Salzburg.

Die Linien sind ziemlich flach und scharfkantig eingehauen und waren mit Bronceplatten überzogen, die durch Blei mit dem Stein verbunden waren, so daß das vergoldete Metall die Inschrift bildete. An einigen Zapfenlöchern sind noch Reste dieser beiden Metalle und somit die sichern Beweise dieser Form vorhanden. Aehnliche Behandlung der Inschriften finden wir heute noch allenthalben auf Grabsteinen, z. B. im Dome von Constanz.

Diese funkelnde Legende, deren Form kunstvoll genannt werden muß, ist jedoch blos die würdige Randverzierung und Umkränzung des fünf Fuß hohen Wappens, das in Relief die Füllung der Steinfläche bildet.

Der heraldische „Dreieckschild" mit sanft nach innen gebogenem Oberrande und etwas ausgebogenen Seiten ist rechts geschut, 22" hoch und oben 20" breit. Die Schildfigur ist ein sogenanntes Heroldsstück. (Ein Heroldsstück ist das Bild eines Schildes, der künstlich durch verschiedene Farben geradlinig und gleichtheilig, oder figurirt und ungleichtheilig in zwei oder mehrere, in den Schildrand auslaufende Stücke zerlegt ist.) Die Schildfigur der Goldecker ist „eine gedrückte g. (goldene) Spitze", die hier bis gegen das Haupt (an das obere Drittheil des Schildes) reicht. Auf dem obern linken Eck, das gerade in der Mitte des Steines liegt, sitzt von vorne gesehen der unten in schöner Wellenlinie ein wenig zugespitzte, oben ovale Kübelhelm mit einem 1" weiten Sehschnitte (einer offenen, scharfkantigen Spalte zwischen dem obern Helmtheile, der Kappe, und dem untern cylinderförmigen Helmtheile, dem Kübel), welcher sich über die ganze Gesichtsbreite 7" hinzieht und in der Mitte mit einer 7½" langen und 1" breiten Spange übernietet war. Auch der durch die Uebernietung in zwei Sehschlitze getheilte Sehschnitt scheint längs den Rändern mit Metall eingefaßt gewesen zu sein. —

Außerdem hat der Kübel gegen den untern Rand auf der rechten Seite zwei kreuzförmige Einschnitte für die Befestigungsketten und auf der linken Seite 7 Luftlöcher.

Ueber dem Helme, durch das Helmkleinod festgehalten und zu beiden Seiten in schweren Falten einige Zoll über den Helm nieder-

wallend, liegt die mantelförmige Helmdecke. (Ein viereckiges, über dem Helm befestigtes, gleich dem Halsschirm der Orientreisenden abfallendes Stück Tuch.)

Ueber der Decke ist das Kleinod, zwei aufgebogene (gekrümmt, den Kopf rückwärts hier nahezu zu einem vollständigen Kreise), einander zugekehrte Fische (Salmen?) mit offenem Maule, am Helme angebracht.

Das Helmkleinod mit den wohlmarkirten conventionell behandelten Flossen, die Spange über dem Sehschnitte und die Figur des Schildes erscheinen jetzt vertieft und waren gleich der Umschrift mit Metall ausgefüllt. Auch der Rand des Schildes war mit Metall überzogen, was die Senklöcher im Schildrande beweisen.

Das Wappen scheint somit an Größe, Form und Farbe und theilweise an Stoff genau übereinzustimmen mit den entsprechenden, im praktischen Leben gebrauchten Wehrtheilen des Ritters. Dieser trug nämlich „in Roth eine goldene Spitze" und das Helmkleinod ebenfalls von Gold.

Diese Form des Schildes, der Decke und des Kleinodes ist die ursprüngliche, heraldisch-klassische. Die plastische Ausführung erscheint mit Einem Male auch in technischer und künstlerischer Hinsicht mustergiltig. Das Wappen ist zur höchsten Geltung gelangt; Alles ist ihm untergeordnet.

Mit diesem Steine beginnt in Salzburg eine durch drei Kunstperioden hindurch reichende fortan in keinem Decennium mehr unterbrochene Reihe von Grabdenkmälern, welche wie schon Nr. 10 und 15 mit Benützung der ganzen Steinfläche mit Ausnahme eines unbedeutenden Randes, mit dem Aufwande der besten künstlerischen Kräfte, mit dem schönsten Erfolge und mit vollkommener Klarheit nichts anderes auf dem Grabe darstellt als die Wappenfähigkeit, den Adel des Verstorbenen; diese Steine sind ein lautredendes Document und ein sicherer Maßstab für die Bedeutung des Ritterstandes, der adeligen Geburt und der Waffenfähigkeit in diesen rechtlosen, derben, mannhaften Zeiten.

Die einfache und klare Darstellung der waltenden Idee, die überall streng dieselbe bleibt, die Formenschönheit, die Kraft und Pracht eines solchen Denkmales würden auch heute noch einen mächtigen Eindruck machen, obschon die Darstellung dieser Ideen selbst heute nur noch einen ganz untergeordneten Platz einnimmt. Jedermann erkennt und fühlt beim ersten Anblick, was ein solcher Stein sagen will; und der Stein sagt wahrhaft in Adel anstrebender Form alles, was er sagen soll.

Der Erzbischof von Salzburg hatte nach der königl. Constitution von 1281 vier erbliche Erzämter: des Marschallus, Camerarius, Pincerna und Dapifer; er gab diese Aemter lehensweise an die Herzoge von Oesterreich, Kärnthen, Steiermark und Bayern, welche Afterlehensträger vorschlugen, die der Fürst ernannte. Diese waren sodann die ersten des zweiten oder Ritterstandes. Die Namen der Träger dieser Aemter ändern sich, und oft zeigt sich heftiger Kampf um diese Ehre. Während wir 1297 und hier 1343 den Goldeckern als Pincernas begegnen, so erscheinen 1396 in den Staatsmatrikeln als Erzmundschenke die Felber, 1494 die Ab Alm, 1592 A Thurn ꝛc. Die Titel dieser Ehrenämter führten die Familien auch in ihren Siegeln. Die Umschrift des bei Nr. 9 angeführten mittlern Siegels vom Jahre 1297 lautet z. B.: S. Ottonis de Goldek Pincerne Salzb.

In einer Urkunde vom Jahre 1327 über den Verkauf eines Gutes in der Gastein von Diepolt do Castuna mit Willen seines Herrn Friedrich von Goldeck an Ulrich, Dechant zu Salzburg, der auf dieses Gut die Verpflichtung einer immerwährenden Beleuchtung des Ehrenrudis-Altares zu legen beabsichtigt, (Salzburgische Urkunden im Museum zu Linz Nr. 19/20 Lungau) ist das Siegel der Goldeck beschrieben: „.. de cera in cujus medio apparuit figura clypei, cujus inferior pars erat elevata ad modum figurae triangularis, et desuper galea cum rubo, ot in ejus circumferentia apparuerunt figurae literarum legibilium hujus tenoris: S. Friderici de Goldekk." v. Koch-Sternfeld, von dem das Museum diese Urkunde erworben, machte zu „rubo" ein Fragezeichen. Bemerkenswerth wäre es jedenfalls, wenn nach dem Wortlaut der Urkunde ein Brommbeerstrauch, rubus, als Helmzierde bei Goldeckern erschiene. Man könnte einen Zweig der Familie oder den rechtlichen Erwerb durch Heirath oder Kauf eines solchen Kleinodes wohl annehmen.

Von besonderer Bedeutung für das Wappen der Goldecker ist das Original einer Abtretungsurkunde vom Jahre 1325 im Linzer Museum, worin Johannes und Fridericus de Geltek (und Goldeck) ihre Insiegel beifügen. Links hängt das Siegel des Johann, rechts des Friedrich — beide von weißem Wachs, gleich (4''') groß, mit dem ganzen Waffenschmucke. Die Form der Schildfigur, des Helmes und des Helmkleinodes auf dem ersteren Siegel ist genau dieselbe, wie auf dem vorliegenden Steine; das zweite, von Friedrich, zeigt aber die Spitze nicht „gedrückt", sondern bis an den obern Rand reichend, und das Kleinod sind nicht Fische, sondern ein konischer Schaft mit Hahnfedern besteckt.

Unter den ausgemusterten Papieren, welche aus dem Baron Schiefer'schen Archive zu Efferding in das Museum zu Linz gelangten, befinden sich vier Blätter mit Zeichnungen von verworfenen Grabsteinen. Dreimal erscheint darauf das Goldeck'sche Wappen als zweites mit dem Schernbergischen verbunden. (Die Schildfigur an den Plätzen 2 und 3 und der offene Helm auf der linken Seite des geviertelen Schildes.) Aber das Helmkleinod (die aufgebogenen Fische) sind nicht sichelförmig gegeneinander gekrümmte, sondern stets „doppeltgebogene" gleich den „offenen Hörnern" gewundene Fische. Die Schildfigur, die Spitze, ist ebenfalls nicht „gedrückt", sondern sie reicht stets bis an den obern Rand.

Die betreffenden drei Grabsteine lauten: 1. der Edl und vest Sigmund Graf zu Schernperg und Goldegg, Pfleger zu Reichertzhofen und

Döchsenpach † 1540. 2. der Erl und vest Wilhelm Graf zu Schermperg und Goldegg, Pfleger zu Radstat † 1549. 3. Der Erl und vest Heinrich Graf zu Schermberg und Goldeck † 1565. Das letzte Wappen ist in der Mitte eines ziemlich breiten Sockels, in dessen 4 Ecken sich die Wappenschilder: 1. Schermberg, 2. Kentschach, 3. Kroppenstain und 4. do Alben befinden. Auf dem Sockel steht ein größeres Denkmal, dessen Füllung ein vor einem Kreuze knieender geharnischter Ritter und Bibelsprüche bilden. An den beiden Seiten sind auch hier wieder je 4 Wappenschilder unter einander gereiht. Rechts: Schermberg, Kroppenstain, „zwei geschrägte Beile" (?), „ein Balken" (?), links: Schermberg, „3 Kugeln 2, 1" (?) „zwei geschrägte Beile" (?) und „rechter Schrägbalken mit 3 Kugeln hintereinander (?) belegt". Unter den 13 Wappen dieses Steines erscheint somit das des Verstorbenen 4 mal und zwei andere je 2 mal.

In den Urkunden von St. Peter kommen vor: 1. Chunradus de Goldekk im Jahre 1251. 2. Otto miles 1302 und 1308. (Otto de Goldekk: tuen chunt, daz ich mit mines liben sunes Wulfingus willen und auch mit miner liben swester. Getrawten Willen han gescaft . . . . zwai gute ligent im Enstal (Winchwelle und Hallosawe) . . . und scholl man diweil ich lebe von den vorgenanten geben 25 Chaes. — —). 3. Wulfingus 1343. Dieser giebt „mit gunst sein suns Wolflein ein guet haizzet Swaighof an den Köttenstain". 4. Joanes miles 1354 und 5. Hugo 1395.

In einer Urkunde im Museum zu Linz vom Jahre 1392 vergiebt „Haug von Golreck dem Gottshaus zu Stulvelven sechs Schilling Gelts auf dem Gut genant Smalekk, gelegen in prainberger pfarr um seines Seelenheiles willen; derselbe übergibt auch laut einer Urkunde von 1398 im Linzer Museum zwei seiner Güter, an seine Leute als Lehen. Auch in dem Lib. cop. sind die Goldegger weitläufig behandelt p. 369, 516, 517, 522, 547, 553, 566, 634, 626.

Laut dieses Manuscriptes gibt Otto von G. 1302 auch ein Pfunt auf dem puchberg zu einem Seelgraet dem Dompropst. Sein Sohn Wulfing schließt einen Vergleich über Leistung von Kriegsdienst mit dem Erzbischof Friedrich 1320, dem er auch 1323 das alt purchstal und das Gericht Tuchsenbach verkauft :c. :c.

Der Mönch Simplicius bemerkt zu Otto † 1341: Istos dominos de Goldekk fuisse clarissmos inter Barones et Ministeriales ecclesiae Salisburgensis. Nach Piechter I. 7 und 11 debetur in die Dorotheae virg. et in crastino S. Mathiae ap. vigilia cum nota Joanni militi de Goldeck.

Die Ritter von Goldegg waren einst die mächtigsten Herren im Pongau, stammten angeblich aus Gastein, und bauten sich zwischen 1156 und 1161 in der Nähe des Marktes Goldegg das gleichnamige Schloß. Sie waren Ministerialen des Erzstiftes, besaßen die Ortschaften Gastein,

Tagenbach, die Hofmarken Wagrain, wo die Ruinen ihrer Burg noch sichtbar sind, und Goldegg, die Veste Klaminstein ꝛc. ꝛc.

Im Jahre 1278 bezeigt Conrad von Goldeck, daß er vom Erzbischof Friedrich „pro eo, quod ad expeditionem serenissimi romani regis cum XX armatis, inter quos erant XIV dextrarii falerati personaliter servierit" einige Güter erhalten habe, „quae solvunt casaos nongentos vel danar. libr. novem."

Um das Jahr 1400 starben sie aus. Im Jahre 1672 wurde ihr Stammschloß Sitz eines landesfürstlichen Pflegers, dann bis 1823 Sitz eines Rentamtes, dann eines Pfleggerichtes, dann eines Bezirksgerichtes bis 1866, dann?. cf. Süß Musealbericht 1853. 71. — Juvavia p. 434, 439, 443, 494, 571, 585.

Nr. 19.

Nonnberg, im Mittelschiff der Kirche, der nördlichste in der zweiten Reihe vom Hochaltar; rother Marmor, 8′ 3″ hoch, 4′ breit.

AN · DNI . M . CCC · XLIII · | DIMUDIS . DE · WARTEN · FELS · ABBSSA · MON · IN · | NUNNB' O' VIII · KL' MAR·

Diese Legende bedeckt das oberste Vierttheil des Steines. Der Charakter der schönen Majuskelschrift gleicht wesentlich jenem auf dem Grabsteine der Abtissin Suanberch Nr. 11, nur ist die Anzahl der Uncialen hier bedeutend größer.

Diemud VII, die 37 Abtissin von Nonnberg, regierte von 1336 bis 1344 und wird als eine bes. ökonomische und fromme Frau gelobt.

Unter demselben Steine ruht auch die 48 Abtissin Gertraud IV von Reitenberg † 1423, deren Legende der obigen beigefügt ist. Cf. Nr. 49.

Das bekannte altadelige Geschlecht der Wartenfels saß schon im 12 Jahrhundert auf der Veste gleichen Namens; die Ruinen des Schlosses findet man am Abhange des Schoberberges im Thalgau. Im Jahre 1301 übergab Konrad zu Wartenfels das Burgstall daselbst, ein Gut auf dem Thalgauer Eck mit dem Gerichte, Leuten, Zehenten und allen andern Zugehörigkeiten dem Bischof Konrad IV. Wahrscheinlich gegen Ende des 16. Jahrhunderts wurde die Veste verlassen und die Beamten zogen in das Dorf herab. Cf. Süß Musealbericht 1853, p. 88, Kleimeier p. 429.

Diemud war wohl die Tochter Chunrats von Wartenfels, der in den Urkunden des Lib. cop. von 1260 bis 1314 sehr oft vorkommt und keinen männlichen Erben gehabt zu haben scheint; denn „Chunrat Friedrich Sun von Chalhaim vordert an Erzb. Friedrichen von Salzb. dy lehen, die Chunrat von Wartenfels, dem got gnad, von dem gotshaus ze Salzb. inne hot". Und die Spruchmänner entscheiden: „der von Salzb. solt ym leihen alles das Chunrat. von Wartenfels in Urbar hat gehabt. Aber die manschaft vnd die Vogtey auff des Chlosters Guet ze Nunnburch ist dem gotshaus ze Salzburg ledig."

Nr. 20. 1345.

Nonnberg, der erste Stein an der Schwelle des Portales in der Kirche, sehr abgelaufen, rother Marmor, 6′ 10″ hoch, 2′ 8½″ breit.

AN · DNI · M · CCC · XLV · | CESARIUS · CUSTOS ·
| ET . CAPELL' · MON · IX . | NUNB' · O· XV . KI ·
AU | GUSTI ·

Die Legende bedeckt das oberste Drittel der Steinfläche, sonst ist auf dem Steine nichts erkennbar. Die Inschrift stimmt in Zug und Wechsel der Buchstaben mit der vorhergehenden vollkommen überein. Die Chronik sagt: „die vorzüglichste Stiftung unter der Abtissin Diemut VI 1323—36 ist vom Priester Cäsarius, der viele Jahre Caplan bei dem Stifte Nonnberg war; denn um das Jahr 1309 –1320, wo er das Leben und die Wunder der heil. Erentraud schrieb, berichtet er selbst, schon 28 Jahre dort Caplan gewesen zu sein und kommt noch als solcher vor bis zum Jahre 1341.

Die Chronik von Esters bemerkt Seite XIII, daß man zwei Kapläne dieses Namens annehmen müsse, da der eine nach Angabe der Hrs. 1300 gestorben sei, der andere aber 1340 noch urkundlich vorkomme. Der letztere, welcher mit Mabillons und Basnage's Angaben zusammentreffend die vita Erentrudis schrieb, erhält durch diesen Stein eine genauere Fixirung.

Zu seiner Stiftung sind eingerechnet: Eine Schwaig bei Chrems bei Gmünd, eine Schwaig am Gaisberg (Sandhof?), das erbrechtliche Lehen Oberreit am Teisenberg, zwei Lehen in Großarl und das Gartenlehen zu Pühel erkauft von Hartneid dem Chelben.

1348. Nr. 21.

(Mit Abbildung.)

St. Peter, Kreuzgang, Reihe XIII. 3, rother Marmor, 7′ 8″ hoch, 4′ breit.

Ein würdiges Gegenstück zu Nr. 18, woran dieser Stein auch unten anstößt; er ist vielfach beschädigt, besonders die Umschrift, welche theilweise nur als wahrscheinlich angegeben werden kann.

✠ ANNO · DNI · M | CCCXL · VIII · II . NON · MARC ·
O· ULR | CALHOCHSP„G | C · H · SEPULTUR(A AC
EI·) P„SAPIE | ·

Diese Umschrift besteht aus lauter besonders schwungvollen, schönen kräftigen Uncialen, deren breite, gerundete Züge mit scharfem Meiselschnitt tief, auf der äußeren Seite schräg eingehauen sind. Die prachtvolle Schrift gleicht im Wesentlichen der auf Nr. 18 und ist an und für sich ein beachtenswerthes Kunstwerk. Sie erscheint jedoch ebenso auch hier nur als die entsprechende Einfassung des kolossalen Wappenbildes, das in Relief die Füllung bildet.

Der rechtsgelehnte 2½′ hohe und oben 2′ 2″ breite „Dreieckschild" ist am obern Rande eben, an beiden Seiten nicht unbedeutend ausgebogen. Die Schildsfigur ist „ein schräg links gelegter (daher auf dem Steine, weil der Schild rechts gelehnt ist, aufrechtstehender) 2′ hoher Thurm mit einem konischen mit Hahnfedern reich besetzten Dache." Auf der linken Oberecke sitzt rechtsgewendet (von der linken Seite gesehen) „der Kübelhelm" unten (wo er auf den Schultern frei aufsaß) rundlich ausgeschnitten, mit einem 4″ breiten und ½″ hohen Sehschlitze und einem Kreuzeinschnitt für die Panzerkette. Dieser Helm wie sämmtliche Wappentheile erscheint übergroß; er ist jedoch charakteristisch, echt heraldisch und wurde genau in dieser Form, doch wohl in verhältnißmäßig kleinerem Maßstabe im Leben getragen.

Während die ältere Form des Kübelhelmes im 13 und 14 Jahrhundert klein ist, oben wie unten mehr flach und bloß den Kopf umschließend, gleich dem Helm auf Nr. 18, so ist die spätere Form, welche der vorliegende Helm trefflich darstellt, kolossal, bis auf die Schultern reichend und deßhalb auf beiden Seiten mehr ausgeschnitten, mit einer durchgezogenen Kette am Panzer befestigt, oben gewölbt, den ganzen Kopf bis auf die Schultern gleichmäßig einhüllend, nicht unmittelbar auf dem Kopfe getragen, sondern über das kugelartig über den Kopf gezogene Panzerhemd oder über eine Haube gestürzt; daher auch Sturzhelm genannt.

Die Helmdecke ist von dem aufgesetzten Kleinod festgehalten; sie fällt wie vom Luftzuge getrieben als einfaches, gegen 3' langes und fast ebenso breites Stück Tuch in weiten, schweren Falten bis in den Rand hinein vom Helme ab.

Das Helmkleinod ist die Schildfigur, 2' 9" hoch, 1' 3" breit. Der gewaltige Federbusch (?) drängt sich gleich der Helmdecke bis in den Rand hinein, als ob diese enorme Größe auch auf Kosten der symetrischen und gefälligen Abgränzung genau gewahrt werden müßte. Die Profilansicht dieser Wappentheile ergänzt ganz entsprechend das Wappen auf Nr. 18, das die Stirnseite bietet. — Diese beiden Steine (18 und 21) bilden zumal mit Berücksichtigung der Umschrift den Glanzpunkt der Grabsteine in dieser klassisch heraldischen Form.

Es sind Stiftungen von Anniversarien vorhanden aus den Jahren 1345 von Ulrich dem Chalchochspergor, in denen er, seine Hausfrau und Erben „durch ir hail vnd durch ir vorvordern sel willen eine ebige mezz auf dem altar, den Abt Chunrat gestift hat," anerkent. V. A. III. 511 und wieder ein Ulrich Calchochsperger weist 1352 dem Kloster für Anniv. eine Gilt zu den Gütern Thann und Högmos im Radstadter Gericht. V. A. IV. 56.

Herr Dr. Haider, der auch diesen Stein l. c. anfnahm, erwähnt noch vier Prädien im Ennsthale, welche der letztere 1352 für Stiftungen dem Kloster übergab.

Außer Ulrich finden sich Ortolf 1279, Chunrad 1290, Heinricus 1320 und auch ein Ulrich, der 1321 und 1322 Stadtrichter von Salzburg war.

In den Custodierechnungen vom Jahre 1354 heißt es Seite 96: das sind die guet die gehorent ze des Chalosperger: Ein guet haist ze hausing, daz gelegen ist in der Castern, daz guet ze Oede daz in dem Enstal leit, Ein guet ze Aichpeunt gelegen bei Eibenwisen, ein guet haist Tundorf, Korach, Ovenleben, Trawt; ein guet haist Aigen in der paldinger pfarr.

Nr. 22. 1356.

Nonnberg. In Mitte der Krypta, rother Marmor.

Anna von Grasser Abtissin auf Nunberg.

Das Nähere über diesen Stein siehe bei Nr. 34.

1358.   Nr. 23.

(Mit Abbildung.)

St. Peter, Kreuzgang, Reihe XIV. 7, rother Marmor, 8′ 9″ hoch, 4′ 4″ breit.

✠ Anno · domini · mill' · CCC · anno · primo ¦ VII · kl · feb'r · O' · Otto · senior · de · Goldekk · postea · anno · XLI · IX · decemb' · O' · Otto · de ¦ Goldekk · Item · anno · LVIII · IIII · kal · ¦ novemb'r · Wulfing' · junior · de · Goldekk obiit.

Der gleich anfangs ausgesprochene Gegensatz zwischen Otto † 1341 und Otto senior † 1301, ebenso zwischen Wulfingus † 1343 (cf. Nr. 18) und Wulfingus junior † 1358, ferner die wohlberechnete Vertheilung der drei Inschriften nach dem gegebenen Raume, besonders aber die gleichmäßige und einheitliche technische Ausführung beweisen zuversichtlich, daß der Stein nach dem Tode des Wulfingus jun. † 1358 angefertigt wurde.

Die Legende bedeckt den ziemlich breiten Rand und ist die erste in Salzburg auf Grabsteinen vorkommende gothische Minuskel- oder Frakturschrift; sie ist ohne einen dekorativen Zug, sorgfältig, scharf, knorrig doch etwas steif. Die Rundung zum Spitzbogen zeigt sich bei den Majuskeln der Anfangsbuchstaben der Legenden und der eigenen Namen, sonst sind überall die viel gebrochenen scharfen Kanten der Würfelconstruction.

Der Raum innerhalb der Umschrift ist in 3 vertiefte Felder abgetheilt, zwischen denen zwei 3′ 4″ breite Streifen in gleicher Fläche mit dem Rande sich durchziehen, worauf in sichtlich späterer und weniger gefälligen Schrift die Legende fortgesetzt ist. Nach einigen Atnotationes des Mönchs Simplicius von 1476 und den sorgfältigen und gewandten Untersuchungen des Herrn Karl von Frey scheint die Inschrift auf dem untern Streifen zu sein: hie leit H· Hawg vo· Goldekk d· gestorbn ¦ ist d· Suntags vor s· Mathe · tag · a· di· MCCCC.

Von den vier gezogenen Linien des obern Streifen sind nur dritthalb ausgefüllt.

Die Angabe der sehr beschädigten Inschrift ist bei dem gegenwärtigen Zustand des Steines und der Hilfsmittel unsicher; ich lese:
Anno · dni · M · CCC · LXXVIIII · in · die · Seé · ¦ Walpurgis· (virginis?) Joannes · strenuus · miles · ¦ do· goldekk · O·.

In dem mittleren vertieften Felde ist der Kübelhelm mit der Decke und dem Golrek'schen Kleinod. Der Helm en face gestellt, oben oval, mit zwei Sehschlitzen versehen, vorne abwärts zugespitzt. Die mantel-

förmige Helmdecke wallt in weiten, bewegten Falten bis auf den Rand hinaus. Das Kleinod bilden zwei kräftige, aufgebogene Fische, am Bauche, Rücken und Schweife conventionell befloßt, oben nahezu zu einem vollständigen Kreise zusammenschließend, mit dem Maule am Helm (beißend) befestiget. Es ist zu beachten, daß das Helmkleinod (mit Helm und Decke) das ganze Wappen vertreten und der Schild im Hauptwappen fehlt.

Die obere und untere Vertiefung sind ausgefüllt mit je zwei senkrecht gestellten, 13″ hohen, 13″ breiten, oben etwas eingebogenen Dreieckschilden mit ihren Schildfiguren, welche ebenfalls vollständige Familienwappen darstellen. Die Schildfiguren sind: oben rechts: „eine gedrückte, in Relief etwas erhöhte Spitze (Goldek)" (Vaters Vater), oben links: „zwei vertiefte rechte Schrägbalten" (der Mutter Vater), unten rechts: „ein schrägrechts getheiltes Feld, unten hoch, oben tief" (Vaters Mutter), unten links: „eine gestürzte Wolfsangl, erhaben" (der Mutter Mutter).

Diese vier Wappenschilder geben die „älteste" Ahnenprobe auf vier Schilde", die sich bier vorfindet. (Der turnierfähige Ritter muß vier Schilte haben, d. h. seine vier Großeltern müssen vier adelige Wappen besessen haben und diese vier Wappen (dargestellt durch vier Schilde) der Großeltern bilden seine Ahnenprobe.

Die Ahnenprobe, die eigenthümliche Darstellung des Wappens bles durch Helm und Kleinod, was bei den Deutschen besonders auf Siegeln fortgeführt, in England aber als Norm für das volle Wappen beibehalten wird, das erste Erscheinen der sogleich reinen gothischen Schrift, die seltene, sinnige Art der Benützung des Raumes und die naturalistische, schwungvolle Behandlung der Helmdecke machen den Stein vor andern bemerkenswerth.

Ueber die Familie der Goldegger ist bei Nr. 18 Manches erwähnt. Eine Urkunde von 1339, lib. cop. 634 erzählt: „Ott vnd Wulfing brueder Goldekk habent sich versuenet mit Hern Heinrich Erzb. zo Salzb. vnd den seinen, die rat vnd tat an irs vattern Vanknus vnd an aller handlung, die von derselbn Vanknus komen ist . . . Ebenso kommen noch vor im Jahre 1357. p. 789 Wulfing vnd Chunrat brueder von Goldekk, hern Wulfings von Goldekk, Schenkhen zo Salz. Suene, vnd hans vnd haug brueder von Goldekk, hern Otten von Goldekk suene verjehen vmb alle ebrieg — etc."

Nr. 24. 1360.

St. Peter, im westlichen Kreuzgang, Lage 12, rother Marmor, 6′ 11″ hoch, 3′ 1½″ breit.

Hic leit ann · dew nustorfa | rin · dew gestorben ist ann dn̄i MCCCLX · in vigilia simo | nis et Jude.

Diese Legende ist auf dem mittleren Drittheil der Steinfläche; über ihr steht:

Hic leit Elspet die nusdarf | erinn, die gestorben ist Ann͡ | d͞n͞i M · CCC · LXXVI · ī die iacobi ·

Beide Legenden sind nicht zu gleicher Zeit geschrieben und müssen als zwei verschiedene Denkmäler nämlich von 1360 und 1376 angesehen werden. Die Schrift ist vollständig deutsche Frakturschrift, wenig gefällig und scheinbar nicht bloß mit geringer technischer Fertigkeit, sondern auch mit wenig Sorgfalt gearbeitet. Von einer figürlichen Darstellung ist nichts (mehr) zu erkennen.

Auch in Großgmain bei Salzburg sind zwei Nusdorferische Grabsteine aus dieser Zeit, aber beide sind bis zur Unbrauchbarkeit ruinirt. Die Nusdorfer sind eines der ersten Salzburgischen Geschlechter. Sie fungiren als Marschalle beim Hofe des Erzbischofs. Aus dem Jahre 1436 ist eine Verschreibung der Brüder Wilhelm, Georg und Ulrich und ihrer Vettern an den Erzbischof erhalten, worin es heißt: es soll allweg der älteste Nusdorfer das Marschalich Amt innehalten, persönlich und wesentlich in dem Land ze Salzburg sitzen, unsern gnedigen Herrn und seinen Nachfolgern damit Huldigung thuen, das trew verwesen. Ob der Ältest von Aller, Krankheit oder ander merklichen Notdurft wegen das ambt nicht verwesen möchte, so sollen wir ainen andern von Uns an sein stat stellen ꝛc. Jud. 496. o.

Gleichzeitig mit Anna findet sich hardneyt der N. der als Stadtrichter zu Salzb. 1353, 1361 und 1362 verschiedene Urkunden siegelt. L. cop. 661, 694, 744.

Einen besonders interessanten Grabstein hat Peter der Nusdorfer † 1424 an der Margarethenkapelle zu St. Peter, der unter Nr. 54 eingereiht ist.

Andere Glieder der Familie sind aus dieser Zeit: her Ernst von Nusdorf 1266 und 1273, Christian Pfleger zu Playn 1428, Wilhelm Pfleger auf Mynnborg 1437.

1361.   Nr. 25.

(Mit Abbildung.)

St. Peter, Kreuzgang, Reihe XIII. 3, rother Marmor, 7′ 3″ hoch, 3′ 6″ breit.

Anno · domini · millesimo · | tricentesimo · Sexagesimo · primo · xv idus octob's · obiit · | Marichardus · dictus · | Lamp ·

Die Umschrift ist schulgerechte, gefällige gothische Minuskel.

Die Füllung bildet das 4′ hohe Wappen in Relief, unter dem noch zwei 15″ hohe, 13″ breite, ledige (leere nicht heraldisch figurirte Dreieckschilde (Wartschilde) stehen.

Der obere etwas ein- und auf den Seiten ebenso ausgebogene Dreieckschild ist rechts gelehnt und hat ein steigendes Lamm (auf den Hinterbeinen stehend, einen Hinterfuß vorgesetzt, die Vorderfüße ungleich erhoben, so daß man alle vier Füße sieht) als Schildfigur. Diese Figur, welche in flachem Relief gearbeitet ist, hat außer der ungewöhnlichen Stellung kaum etwas von dem üblichen heraldischen Typus der Thierfiguren, es erscheint ganz naturgetreu gezeichnet. Als Kleinod erhebt es sich wieder wachsend (der Vorderleib mit den gebogenen Vorderfüßen) über dem Kübelhelm und aus seinem Felle entwickelt sich die Helmdecke, welche mantelförmig bis gegen die Mitte des Schildes abfällt.

Die ganze Ausführung gleicht den Wappen von 1343 und 1348; die Stirnseite des Kübelhelmes weicht jedoch durch die gefällige Biegung von der bisherigen Form etwas ab und bildet einen beachtenswerthen schönen Uebergang zur nun folgenden Form des Stechhelmes.

Nr. 26. 1363.

(Mit Abbildung.)

St. Peter, Kreuzgang, Reihe VIII. 1, rother Marmor, 7′ 11″ hoch, 3′ 11″ breit.

Der Stein war lange Zeit bedeckt von einer Thürstufe, welche hier in die Hauptkirche führt, jetzt aber durch einen Beichtstuhl innerhalb verstellt ist. Es befinden sich darauf vier Legenden in folgender Ordnung:

(Oben) Hic · leit · Hainr' · der · aichaim' · der · ge ! (oben zweite Zeile) storbn̄ · ist · da · mā. zalt . M. CCC· XXXV . an · sat | · (rechts) Marteins · (darunter) tag : (daran reiht sich auf der rechten Seite: Darnach · frid'ich · sein · sun · der · gestorbn · ist · | (darunter) da · man · zalt · M · CCC· IL · iar · an · sat· Jacobs · tag : (Durch ein Eichenblatt von der ersten Zeile rechts unten getrennt beginnt die folgende Legende: it · Ge | (unten) drawt · va · polhai · dez · Fridreih (links) Wiertin · (rechts unter item Ge)

dew · | (unten zweite Zeile) gestorb̄n · ist · da · m̄a · zalt ·
M · | (links zweite Zeile) CCCLXIII · ā · sāt · rupchtz-tag: (links in
der ersten Reihe fortfahrend: ✠ Hie · leit · Lvdweig · Aichaime · der ·
gestorb̄n · ist · an · sand · Ni | (darunter zweite Zeile) casi - tag ·
da . m̄a . zalt · Ann̄ · dn̄i · Ṁ · CCC · III. ✠

Sämmtliche Legenden, welche nur durch das Kolon von einander
getrennt werden, sind zu gleicher Zeit geschrieben. Die Anfertigung des
Steines ist ohne Zweifel nach dem Tode des Letztbeerdigten 1363 zu
setzen. Die Minuskelschrift ist weniger sorgfältig und gefällig ausgeführt
als das Wappen, welches die Füllung bildet. Es ist 6' hoch und 5—10'''
tief in Relief, sehr gut erhalten und beachtenswerth ausgeführt.

Der 2' hohe rechts gelehnte Dreieckschild trägt die 8''' erhabene
Schildfigur, einen quergelegten Steigbaum (ein Querbalken, in dem drei
eben so dicke scharfkantige Pfähle eingefügt sind.)

Ueber die linke Schildecke ist der Stechhelm im Halbprofil gestellt.
Der breite Sehschnitt, welcher über die ganze Stirnseite des Helmes sich
hinzieht, ist in der Mitte mit einer einfachen, in einem stumpfen Winkel über dem Sehschnitte sich brechenden Spange mitten überniethet; ein
Kettenkreuz, im Kreise umgeben von acht Luftlöchern, ist ziemlich tief unten angebracht hart am Kiele des Helmes, so daß noch zwei Löcher sich auf
der rechten Kielseite befinden.

Besonders zu beachten ist die Helmdecke; diese ist durch die Stirn-
haut eines Büffels gebildet, welche in einer sichelförmigen Stulpe, deren
Enden die zwei Ohren darstellen, über dem Helme liegt und zu beiden
Seiten, in 6· '6''' lange, gegen das Ende theilweise umgewendete oder
aufgebogene, zollbreite Riemen ausgezackt, lebhaft bewegt herabfällt.
Diese ungewöhnliche Behandlung der mantelförmigen Decke verdient besondere Aufmerksamkeit.

Ein 5'' breiter, in der Praxis wahrscheinlich metallener Aufsatz hält
ein doppeltgebogenes, an der Spitze abgesägtes (gegen das Ende sich er-
weiternd und schräg abgeschnittenes) Hörnerpaar, (welche, da sich zwischen
und an denselben keine Figuration befindet, als eigentliches Helmkleinod
zu betrachten sind) sowohl unter sich als auch mit dem Helme zusammen.
In die obere Biegung der Hörner schmiegen sich von der Außenseite zwei
kleine 10'' hohe und 9'' breite Wappenschildchen in der regelmäßigen
Form des derzeitigen Dreieckschildes. (Oben eben, die Seiten einfach concav zu einem stumpfen Winkel zusammenlaufend.) Das linke trägt als
Kleinod eine Rose, das rechte ein Heroldstück: 7mal schräg rechts getheilt
von Tief und Hoch. — Die Hörner, Ohren und alle Theile des

Helmes und der Decke sind schön gerundet und aus der Masse herausgearbeitet, die Formen äußerst gefällig. —

Das schöne Denkmal gleicht in der Anlage und Ausführung wesentlich dem nur 3 Jahre ältern des Lamp Nr. 24 und dürfte aus derselben Hütte sein. Doch ist hier der gothische Meisel und Bohrer bedeutend mehr eingedrungen, was theilweise auch durch das Sujet der Kleinode bedingt sein mag. Auch bei Lamp ist die Decke besonders schön geformt und entwickelt sich ebenso gefällig aus dem Thierrumpfe wie hier aus der Stierhaut. In beiden ist der Geist der Gothik ziemlich deutlich in der naturalistischen Behandlung und Durchbildung zu merken.

Die Aichaimer waren eines der hervorragendsten Geschlechter, sowohl im Bisthum Passau, wo uns z. B. 1326. Heinricus de Aham als Camerarius begegnet (Hund II. 567), als auch zu Salzburg. Ortlieb v. A. verkaufte dem Erzbischof Ortolf 1350 den halben hof genannt den hofholzhof gelegen in der Zelle, vnd die halbe Mül, die zu selbem hof gehört und das holz halbes, das noch vngeleitet ist, vnd auch zu dem hof gehört, um 43 Pf. salzb. Pfenning. Lib. cop. 725. Dagegen gibt Gerdrawt dew Aychaimerin vnd Ruprecht vnd Ludwig ir Sun ires rechten Aigens einen halben hof genant der hofholzhof vnd daselb ain halb Mül vnd das hofholz halbes dem Erzb. Ortolf umb 50 Pf. Salz. den. a. 1351. l. c. p. 737. In Salzburger Urkunden kommen noch vor: Dietmar filius Liutoldi de Aichem 1139. Liutoldus junior 1190. Chunradus miles et frater Ulricus de A. 1267. C. Marscaleus curia dictus de A. 1278. Ekhard Rugers von A. Sun 1316. Lib. cop. p. 737, 896, 14, 26, 159, 187, 210, 325.

Nr. 27. 1364.

St. Peter, Veitskapelle, Reihe I. 1, rother Marmor, 7′ 3″ hoch, 3′ 3″ breit.

ANNO . DNI · M · CCC · | LXIIII · IN · PRIMA VESPERA SCI · VINCĒCII | MRJS · FRA' · OTTO | DE RAITTENHASLACH MAGISTER CURIAE SALISBURGENSIS O·

✠

Die Legende steht längs des abgegrenzten Randes als Umschrift. Die nördliche Breitseite, welche die lezten fünf Worte enthielt, ist bei der Legung des Nachbarsteines abgeschrotet worden, so daß nur die innere Hälfte der Buchstaben und auch diese sehr beschädigt übrig blieb. Die Schrift ist eine der schönsten Majuskelschriften von lauter Uncialen, sehr kräftig, einfach gerundet und ohne ausschweifende Züge, durchgehends 5″ hohe Buchstaben; sie gleicht Nr. 18 und 21 und dürfte von derselben Meisterhand geschaffen sein.

Der Stein war offenbar bestimmt die lebensgroße Figur des Priesters in Umrissen oder Relief aufzunehmen. In gleicher Weise wurden die Grabsteine der Abtissin Anna 1380, und der Aebte Erhard 1436 und Petrus 1466 vorbereitet und unausgeführt gelassen. Es ist auffallend, daß alle diese Steine in der gleichen Weise unvollendet blieben, da doch alle ihre Legenden oder Beizeichen in musterhafter Technik vollendet tragen. Sollte die Ausführung auf auswärtige Hände gewartet haben? Sollte das Auftauchen der Gothik einen Einfluß haben?

Zu der Würde, welche Otto von Raittenhaslach bekleidete, ist in den Aunotationes fratris Simplicii bemerkt: Fertur dictum monasterium (Raittenhaslach?) sic esse privilegatum, ut semper unus fratrum ejusdem conventus debeat assumi in magistratum curiae salisburgensis; sed a tempore dni Pilgrimi Archiepiscopi non fuisse in usu — — —.

1367. Nr. 28.

Nonnberg. Die folgende Legende ist Nr. 13 beigeschrieben.

✠ ANNO . DN̄I · M̊ · CCC · LXVII . | DIE . XXVI ·
NOVĒB· O· DNA · | ANNA · DE · WEIZZENEKK · |
ABBATISSA · MONASTE | RII · NV̄NEBVRGEN̄ ·
H' · SEPL'· |

Die Majuskelinschrift ist auf dem obern Drittheil des Steines angebracht. Die Züge sind schön gerundet, ohne verzierende Ausschweifung, einfach und markig, und gleichen am meisten denen auf dem Grabsteine der vorhergehenden Abtissin Nr. 19 vom Jahre 1344. Außer einer schülerhaften Nachahmung vom Jahre 1382, Nr. 38, ist dieses die letzte Majuskelschrift, die sich überhaupt in Salzburg findet. Auch diese Inschrift hat ein charakteristisches Merkmal der hiesigen Majuskelschrift, den beliebten und äußerst gefälligen Wechsel zwischen Unciles und Quadratae nicht aufgegeben, obschon die Quadrata hier am meisten beschränkt ist. Besonders deutlich ist hier in Abatissa die starke Rundung des S wohl wegen der Sprödigkeit des Marmors vermieden.

Es ist zu bemerken, daß die Majuskelschrift, welche gerade ein Jahrhundert hier in Anwendung ist, und von ihren Anfängen bis zu ihrem Verschwinden genau verfolgt werden kann, sowohl in Beziehung auf die Form der Uncialen als auch auf Wechsel zwischen geradlinigen und krummen Formen sich auf dem Nonnberge gleichmäßiger und einheitlicher zeigt als in St. Peter. Schriften, wie sie sich in St. Peter auf Nr. 18, 21, 23 und 27 finden, und welche in Salzburg nicht recht heimisch genannt werden können, finden sich auf Nonnberg nicht, obwohl sich auch die vorliegende Legende den schönen Formen derselben offenbar zu nähern suchte.

Anna III von Weizzeneck war die 39 Abtissin auf Nonnberg und regierte von 1356—1367; sie war die Schwester des Erzbischofes Ortolf von Salzburg, des Bischofes Ulrich von Seckau und des Bischofes Gottfried von Passau.

Die Familie bekleidete das Erbtruchsessenamt in Salzburg von 1311 bis 1408, als dieses nach dem Tode Konrads von Gutrad an Heinrich den Herzog von Kärnten zurückgefallen war. Es kommen wiederholt aus dem Geschlechte vor: Dietmar 1245—1268. Otto 1268—1298. Margret, Ottos Tochter und Chunrads Hausfrau 1302, Otto und Dietmar ihre Brüder 1303, 1319. Hartneyd, Hauptmann zu Friesach 1319. Hartneyd (II), Hauptmann und Vitztumb zu Friesach 1350, Hartneyd (III) Hauptmann in Chrain auf der March vnd zu Friesach, Aidam des Herdegen von Pettau, Marschalichs in Steyer 1352. Otto des Erzbischofs Ortolf Bruder 1356. Ein Hartneyd v. W. war zu gleicher Zeit mit der Abtissin Anna Probst von Högelwerd. Lib. cop. S. 73, 152, 163, 409, 410, 512, 618 733, 786, 789. Esterl, S. 46.

Anna wird als vorzügliche Abtissin gerühmt; trotz der schlechten und kriegvollen Zeiten kaufte und erhielt sie manches für ihr Kloster, unter anderm einen Hof in Arnstorf, zwei Güter bei Radstadt, welche jährlich 3 Pfd. 20 Pfenning, 30 Eier und 1 Lamm dienen rc.

Nr. 29. 1369.

St. Peter, westlicher Kreuzgang, Lage 15; ein quergelegter, abgeschnittener, rother Marmorstein, 28" hoch, 32" breit.

Anno · dni · M · CCC · LX · VIIII · | hie leit Wilhalm der Rentarm (Reintagr?) · Reiter · (Retter?) der gestorben · ist an sand Lu | castag ·

Der Name ist nicht genau festzustellen, da i und t, n und u wie überhaupt die ganze, steife und wenig sorgfältig Minuskelschrift nicht scharf gehauen und sehr abgewetzt ist. In den Acta abbatum von Biechter V. 86 (Mspt. in St. Peter) findet sich etwas später der Name und Universarien für „Reintager", den ich auf keinem Steine geschrieben fand. Vielleicht fällt die undeutliche Schrift damit zusammen. Eine figürl. Darstellung ist auf dieser Steinhälfte nicht bemerkbar, es scheint auch niemals eine solche vorhanden gewesen zu sein.

3 b

1375. Nr. 30.

St. Peter, Hauptkirche im linken Schiff, gleich unterhalb den Stufen zum Chor trägt ein Pflasterstein die Inschrift:

Johannes | Abbas huius | Monrii obiit | 14 · Kal · Feb' · |
Å 1375.

Ersatzstein für das entfernte Original.

Johann II Rozzes regierte 1364—1375. Er wird vielfach für den Dichter gehalten, welcher unter dem Namen „der Mönch von Salzburg." eine hervorragende Stelle in der Literatur unseres Mittelalters einnimmt, Herr Professor Ampferer gibt in dem 14 Programm des k. k. Gymnasiums zu Salzburg 1864 ein vortreffliches Bild dieses Dichters, indem er nach einer sorgfältigen biographischen Untersuchung eine ausgewählte Gruppe der allgemeinen, der theotischen, der Marien- und der Heiligen-Lieder, sowie der weltlichen Lieder des Mönchs zusammengestellt und sie mit allen Hilfsmitteln für ein leichtes Verständniß versehen hat. Eine Arbeit, welche vor allem denjenigen wichtig und hochwillkommen sein muß, welche für die Salzburger Landeskunde Interesse haben. Salzburg kann wohl auf diesen Sänger stolz sein, denn der Einfluß dieses Mannes auf die Gestaltung des deutschen Kirchenliedes war zu seiner Zeit ein sehr großer, indem auch eine Menge Lieder in seinen Weisen, in seiner Manier und in seinem Tone nachgebildet und nachgesungen wurden. Sieh das angeführte Programm.

1375. Nr. 31.

St. Peter, westlicher Kreuzgang, Lage 12, dem Steine der Anna Nustorfarin † 1350 oben beigeschrieben. Siehe Nr. 24.

Hic leit elspet die nusdorferin, die gestorben ist Ann|
MCCCLXXVI · i̊ · die iacobi ·

1377. Nr. 32.

(Mit Abbildung.)

St. Peter, Kreuzgang, Reihe V. 1, rother Marmor, 6' 3" hoch, 31" breit.

Im Kreuzgang zu St. Peter 1377. N° 32.

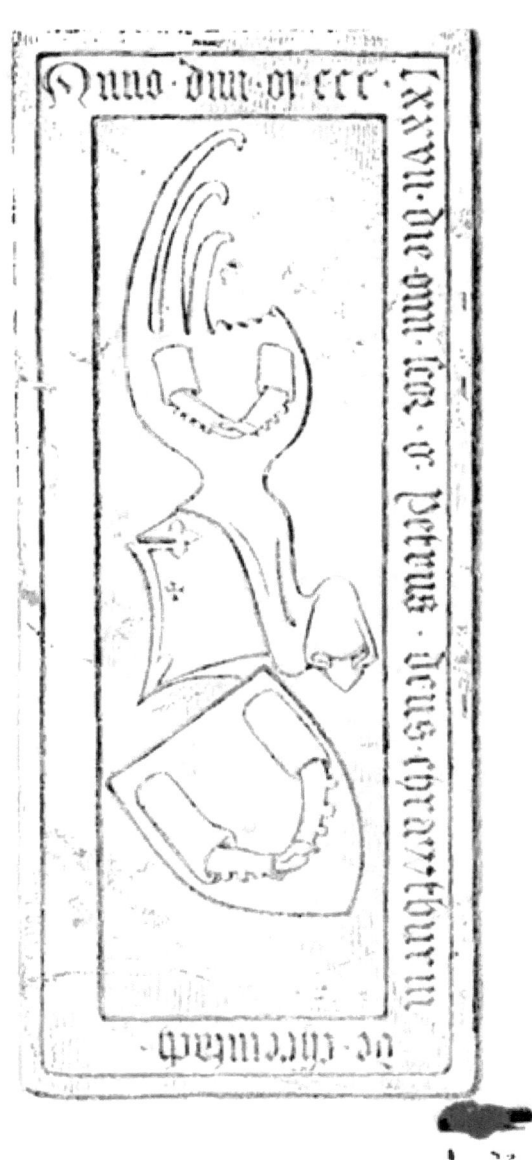

Anno dm̄i · MCCCLXXVII die om̄i · scōr· o· · Petrus
· dc̄us Chrawtburm de Chreintach ·

Die Umschrift ist wenig gefällige teutsche Minuskel. Chrautburm statt Chrautwurm; die Schreibweise b für w und auch umgekehrt ist besonders in der nächstfolgenden Zeit auf Monumenten und in Urkunden von Salzburg vorherrschend.

Die Contouren des 4' 6" hohen und 21" breiten Wappens füllen die Steinfläche. Der Dreieckschild ist rechts gelehnt und zeigt als Figur zwei bekleidete Arme, die Hände in einander gelegt. „Treue Hände."

Ein Stechhelm, der sich hier zum erstenmale zeigt, und auf welchem der Kreuzeinschnitt über der Mitte und das Okular mit zierlicher Einfassung sichtbar ist, sitzt rechtsgekehrt auf der obern Schildecke.

(Der Stechhelm besteht gleich dem Kübelhelm vorzüglich aus 3 Theilen: aus der Kappe, einem vordern und einem hintern Untertheil. Die Eigenthümlichkeit des Stechhelmes besteht darin, daß er aufrecht gestellt eine vollkommen geschlossene Stirnseite bietet und durch seine Wölbung oder Kehlung gegen vorne die Stoßwaffe ablenkt. Er sitzt auf den Schultern auf und ist deßhalb entsprechend auf beiden Seiten geschweift. Das Hintertheil bleibt wie beim Kübelhelm mit der Kappe zusammengenietet; das Vordertheil aber ist von der Mitte an abwärts und besonders aufwärts bedeutend nach vorne ausgebogen. Die Kappe, welche sich dem Kopfe möglichst anschmiegt, gestaltet sich kappenschildförmig und folgt der Ausbiegung des Untertheiles nach vorne, jedoch nur bis auf 2 oder 3 Linien. Dieser Abstand der Kappe vom vordern Untertheile, welches in einen Spitz ausläuft und etwas über die Kappe auf- und vorgezogen ist, bildet im Helme eine Spalte, den Sehschnitt, welche ohne Ueberspange sich in einem spitzen oder auch stumpfen Winkel über das ganze Gesicht hinzieht, aber eigentlich nach oben geöffnet ist und nur beim Senken des Hauptes das Schauen nach Vorne zuläßt. Die untern Helmtheile werden passend auf Nacken und Brust herabgezogen und mit Schnallen, welche auf den Grabsteinen mit Vorliebe angebracht sind, am Panzer oder Harnisch befestigt.)

Die mantelförmige Decke liegt eng am Helme an, weicht aber in Anlage und Drapirung von den bisherigen in so ferne ab, daß sie hinter dem Helme in einer bauschigen doppelten Stülpung abfällt.

Auf dem Scheitel des Helmes steht der brettartige Flügel mit drei ungleich und zwar 16", 12", 8" hohen Schwungfedern besteckt, welche von vorne einwärts hintereinander stehen, und etwa die Hälfte des Flügelrandes einnehmen, auf der hintern Hälfte sind die Federn blos durch laubartige Ausrundung des Randes angedeutet.

Dieser klassisch heraldische Flügel ist hier blos Hilfskleinod, und trägt in seiner Wand als eigentliches Kleinod „die treuen Hände".

(Wo nämlich das Kleinod nicht leicht für sich allein freistehend auf dem Helme angebracht werden kann, wie z. B. die Farben und Formen der Heroldsstücke, da werden überall entsprechende Theile, welche jedoch auch als selbständige Kleinode vorkommen, und zwar meist Hörner, Flügel, Hüte, Schirmbretter ꝛc. beigezogen, welche das eigentliche Kleinod zu tragen haben.)

Das Erkennen des Kleinodes der Chrautwurm verdanke ich einzig Herrn von Frei, ich konnte das Wappen in keinem der mir zu Gebote stehenden Hilfsmittel finden; der Stein hat sehr gelitten.

Auch Agnes Comtissa a Grienpach? der ersten Abtissin des zu Salzburg früher gehörigen Klosters Saeldenthal, welche von 1230—1277 regierte, dürfte dieser Familie zugehören. Hund III 339.

1378.   Nr. 33.

(Mit Abbildung.)

Nonnberg, im südlichen Schiff der Klosterkirche vor dem Eingange in die vorderste Kapelle, rother Marmor, 6' hoch, 3' 2" breit.

Anno · dni · M · CCC · LXXVIII · VI · kl' · maij · o' ·

katerina de Schernp(er)ch · abba · hui' · ecce . |

Die Umschrift ist sorgfältig und schlicht gehauen und füllt nicht vollständig anderthalb Seiten des Randes.

Die Füllung bilden die Contouren der lebensgroßen Figur der Abtissin, neben dem rechten Fuße ist der gegen 7" hohe Dreieckschild in durchweg sanft gebogenen Linien, oben etwas eingebogen, die Seiten einfach convex zu einem stumpfen Winkel zusammenlaufend; seine heraldische Figur ist ein durch zwei Querstriche bezeichneter Balken.

Die Figur steht aufrecht, vollkommen ruhend, nach vorne gewendet. Die Falten des gürtellosen, enganliegenden Habits fallen beinahe senkrecht bis auf die Füße, brechen sich wenig und bilden auf dem Boden eine 4 Zoll lange Schleppe. Der rechte Fuß mit spitzigem Schuh steht zwei Zoll unter dem Gewande vor. Der Mantel wird durch eine runde brochartige Fibula über der Brust zusammengehalten; er fällt in wenig Falten frei über den Oberarm der linken Hand, welche das Pasterale ziemlich hoch, über der Schulterhöhe, gefasst hält, und wird auf der andern Seite aufgefangen und angedrückt vom Vorderarm der rechten Hand, welche wagrecht über die Brust gelegt ist, und das Buch (die Ordensregeln) hält.

Der untere, weiße Schleier fällt frei auf die Schultern herab, ohne Hals und Brust vorne sichtbar einzuschließen und der darauf befestigte obere Schleier ist gleich einem breiten Bande über dem Scheitel angeheftet. Der Stab ist senkrecht gehalten und seine Form sehr einfach; seine Krümmung beginnt einige Zoll über dem Knoten in der Scheitelhöhe der Abtissin und ist auf der Außenseite mit fünf zurückgebogenen Blättern besteckt; er endet sich verdünnend und in zwei Trifolien theilend, von denen das größere sich nach oben in der Rundung, den Krummstab bildend, das kleinere abwärts gegen den Stab entfaltet. — Die ganze Zeichnung besteht aus wenigen sehr charakteristischen Linien, die an den Rändern und Falten der Gewandung gerade und mit scharfen Winkeln, bei den enganliegenden Theilen und in der Drapirung ohne den scharfen, gehackten Bruch oder irgend eine Knitterung weich und schmiegsam gezogen sind. Dieses ist die erste figürliche Darstellung der Art, welche uns auf salzburgischen Denksteinen erhalten blieb. Feierliche Ruhe und edle Würde spricht im Ganzen. Der Charakter der Zeichnung ist noch typisch romanisch, obschon der Meister, wie die reingothische Schrift beweist, der neuen deutschen Richtung nicht fremd gewesen sein kann.

Es ist bemerkenswerth, daß das vorliegende Pastorale in seiner Form gänzlich von demjenigen abweicht, welches das erste und älteste in Nonnberg aus den Jahren 1242—1252 aufbewahrt und von Dr. Heider in den mittelalterlichen Kunstschätzen II. 34 ausführlich beschrieben und in Farben abgebildet ist. Von 5 Abtissinen (1378, 1388, 1514, 1588 und 1614) finden sich Darstellungen auf Grabsteinen im Ornate und ebenso von 7 Aebten, aber keiner der auf den Steinen dargestellten Krummstäben entspricht genau den bekannten wirklich vorhandenen von Dr. Karl Lind in seiner Schrift über den Krummstab größtentheils angeführten und theilweise vollkommen beschriebenen; sie sind auch alle mehr oder weniger unter einander wieder verschieden und als ideale Bilder des Meisters anzusehen.

Schon im Jahre 1242 erhielten die Abtissinen durch Erzbischof Eberhard II das Recht, sich des Faltstuhles (Falldistorium) und des Krummstabes (Pastorale), des Zeichens ihrer Wanderschaft als Boten Gottes auf Erden zu bedienen. Die Urkunde sagt: .. ratione antiquitatis et habita consideratione honestae vitae et sanctae conversationis Sanctimonialium in Nunninburg gratiam conferimus et honorem, ut, ubicunque fuerit, utatur sellâ sive Kathedrâ et virgâ sive baculo pastorali. Statt der Inful tragen die Abtissinen wie heute noch bei der Benediction eine Krone und das Brustkreuz (pectorale). Außer dem Krummstab erscheint jedoch bei keiner Abtissin etwas von den übrigen Pontificalien.

Katharina I regierte als 40 Abtissin von 1367—1378; sie wird als eine besonders umsichtige und sorgsame Frau gepriesen; im Jahre 1378 stiftet sie eine Messe zu Ehren der seligsten Jungfrau, wobei sie unter anderm sagt: Man soll die Messe singen, wie andere Hochzeiten; die vier Herren sollen ganz dabei bleiben und singen helfen; und man soll geben an diesem Tage den Frauen und Herren zur gewöhnlichen Pfründe einen Trunk Wein und dem Meßner auch ein Trünkchen Wein. Wenn zu wenig Herren wären und der Rafthabende ledig wäre, so soll er die Frauenmeß singen und ein Trünklein Wein mehr bekommen ꝛc. — Chunrad Graf von Schernberg ist der einzige Graf, welcher als Theilnehmer des Igelbundes 1804 erscheint.

1380.   Nr. 34.

Nonnberg, in der Mitte der Krypta, rother Marmor, 7′ 6″ hoch, 3′ 9″ breit.

✠ Anno · d̄ni · M̊ · CCC · LXXX · Kl' · dec̄eb' · fia · t'cia · ante · Thome . apli' · obijt . anna · de | libuberg · abba · ecce · | in nuenburga ✠ ·

Die Legende ist eine Blume deutscher Schrift auf salzburgischen Grabsteinen zu nennen. Die Züge sind zierlich und doch kräftig. Die viereckigen Punkte zwischen den Worten so wie die meisten abschneidenden Linien sind mit recht gefälligen feinen Endschwingungen versehen.

Die Legende ist als abgegränzte Umschrift angebracht und der Stein wurde ohne Zweifel der Abtissin Libunberg gesetzt und bestimmt die lebensgroße Figur der Abtissin als Füllung aufzunehmen in derselben Weise, wie dieß bei der unmittelbar vorhergehenden und der unmittelbar folgenden Abtissin Nr. 32 und 38 geschehen ist. Die Ausführung unterblieb jedoch wie bei Frater Otto und den Prälaten Erhard und Petrus aus unbekannten, gewiß nicht zufälligen Gründen. cf. Nr. 27.

In der untern rechten Ecke innerhalb der Umschrift befindet sich ein kleiner Dreieckschild, das Wappen der 38. Abtissin Anna Graßer † 1356, dessen Kleinod nach gefälliger Angabe des Herrn v. Frey die „Bockshörner" sind. In Anbetracht der hervorragenden Bedeutung des Wappens in dieser Zeit, so wie der Beerdigungsweise der Abtissinen ist anzunehmen, daß Anna von Libunberg † 1380 zu Anna von Graßer † 1356 beerdiget, und daß das Denkmal der ersteren auf den Grabstein der letzteren in Form ihres Wappens übertragen wurde. Diese Annahme stützt sich besonders auch auf Analogien in Nr. 13, 14, 21, 24, 28 und m. a. Sogar der Name wird bei den nonnberger Sitten ein Grund für diese Annahme. Denn wie Anna IV bei Anna II ruht, so wurde Margareth III zu Margareth I, Diemut VI zu Diemut V, Anna V zu Anna II und IV gelegt. Das Denkmal von Katharina II stimmt genau zu dem Katharina I. ꝛc.

Zu gleicher Zeit, in welcher Anna v. Libunberg Abtissin war, 1378 bis 1380, ist Johann de Liebenberch canonicus ecclesiae Salz. 1346 bis 1379, und von 1380—1390 Praepositus monasterii in Suben. Hund III, 388.

Ueber die Beerdigung der Abtissinen und die Beschaffung ihrer Denkmäler ist zu bemerken und mag am besten bei diesem auffallenden Grabsteine angeführt sein: Die Abtissinen wurden alle in den Schiffen oder in der Krypta der Hauptkirche begraben. Die Kirche wurde unter der 18. Abtissin 1009 gebaut. Auch die Gebeine der früheren Abtissinen scheinen gesammelt und in die neue Kirche unter das Denkmal Nr. 51 übertragen worden zu sein.

Seit Erbauung der Kirche starben 54 Abtissinen:

9 derselben 18—27, 1027—1189, haben keine Denkmäler und keine bekannten Grabstätten. cf. Nr. 1 die Bemerkungen über Bilbrig.

11 folgende 27—39, 1235—1356, haben einzeln Denkmäler und wahrscheinlich einzeln Gräber.

11 folgende 39—50, 1367—1439, haben Denkmäler und Gräber mit den vorhergehenden gemein, sie sind ihnen beigelegt und beigeschrieben.

11 folgende 50—62, 1446—1625, haben wieder einzeln Denkmäler und einzeln Gräber.

10 folgende 62—72, 1638—1865, haben eine gemeinsame Gruft und einzeln Denkmäler.

In Betreff der ersten Gruppe 18—27 kann es nur als Vermuthung, welche sich auf die Analogie der spätern Zeit, auf die Gepflogenheiten des Klosters überhaupt nur auf die Legende Nr. 53 stützt, ausgesprochen werden, daß sie an verschiedenen Plätzen des Kirchenschiffes und besonders vor dem Kreuzaltar begraben wurden. Ob vor dem Jahre 1235 Denksteine für Abtissinen vorkommen, und in wie ferne die bei Nr. 1 angeführten Sagen Beachtung verdienen, kann ohne neue Anhaltspunkte nicht angegeben werden, scheint jedoch unwahrscheinlich. Und ebenso bleibt unentschieden ob die zweite Reihe 27—39 in lauter neue Gräber gelegt wurden oder ob auch hier schon ein Zusammenlegen zu denen der ersten Reihe stattfand. Aus der zweiten Reihe sind die Grabsteine der 27, 33, 34, 35, 36, 37 Abtissin im Original die der 31, 32 und 38 in Ersatzsteinen bereits aufgeführt. Die 30 resignirte auf ihre Würde, von ihr so wie von 28 und 29 (c. 1250—1260) konnte nichts gefunden werden.

Die dritte Reihe wurde der zweiten beigelegt, und ihre Legende auf den verhauenen Stein oberhalb oder unterhalb der ersten Legende nach Thunlichkeit beigeschrieben. Es ist gewiß, daß jede dieser Legenden aus der Zeit stammt, welche sie angibt, somit auch statthaft, jede Legende als ein besonderes Denkmal zu behandeln, zumal da ihre Verschiedenheiten und allmähligen Veränderungen für die Kulturgeschichte wichtig sind, indem der Verlauf und der Wechsel von Sitten, Gewohnheiten und Vorstellungen vielfach charakteristisch diesen Steinen eingegraben ist. So erscheint bei den Abtissinen das Familienwappenschild erst seit 1356, bildet im 15. und 16. Jahrhundert den Hauptbestandtheil und wird in der Neuzeit auch versehen mit Helm und Kleinod. Die Legenden der Abtiffinen 27, 37 und 43, die zusammen geschrieben sind, beweisen trotz ihres kurzen Inhaltes eine gewaltige Verschiedenheit des Denkens und der Sitte.

Die Beilegung geschah in folgender Ordnung:

39 und 47 zu 34 aus den Jahren 1367, 1404 und 1321.
41 und 50 zu 38 aus den Jahren 1380, 1439 und 1356.
43 und 49 zu 35 aus den Jahren 1393, 1432 und 1323.
48 zu 37 aus den Jahren 1423 und 1344.

Von der 44, 45 und 46 Abtissin sind keine Denkmäler gefunden worden. Diese drei Abtissinen sind jedoch auch dem Chronisten und Historiker außer dem Namen nach unbekannt. Ihre Regierung beschränkt sich auf höchstens 6 Jahre, da die 43 im Jahre 1393 starb und die 47 urkundlich schon 1400 als Abtissin vorkommt; auch ist aus dieser Zeit noch eine längere Sedevacanz sowie eine Abdankung nachweisbar. Das Zusammentreffen des scheinbar gänzlichen Mangels an Urkunden mit dem Mangel an Denkmälern ist wohl mehr als zufällig. Für eine historische Betrachtung der Grabdenkmäler ist dieser Mangel ohne Belang, da die Steine der Abtissinen, von 1393 und 1404, zwischen denen kaum eine mittlere Regierungszeit liegt, vorhanden sind.

Die 40 und 42 Abtissin haben besondere Steine, wovon die Ursache, wie der Denkstein der 41 wohl genügend beweist, nicht ein neues, eigenes Grab ist, sondern die neue, für die Geschichte der plastischen Kunst äußerst wichtige Form der Denkmäler. Bei der Zusammenlegung beobachtete man eine Zwischenzeit von mindestens 24 und durchschnittlich 50 Jahren.

Von der vierten Reihe sind alle 11 Denkmäler wohlerhalten vorhanden.

Ebenso alle der fünften Reihe, welche über die gemeinsame im Jahre 1636 erbaute Gruft gruppirt sind. Abgesehen von den Jahren 1393—1400 sind die Denkmäler sämmtlicher Abtissinen von 1284 bis heute in ununterbrochener Folge vorhanden, und zwar von 39 Abtissinen auf 31 Steinen; aus noch früherer Zeit steht das Denkmal der Wilbirgis von 1235 vereinzelt da, und die Denkmäler der 31, 32 und 36 Abtissin sind nur in Copien theilweise doppelt vorhanden.

1382.   Nr. 35.

St. Peter, westlicher Kreuzgang; Lage 3, ein querliegender, oben und unten abgeschnittener, rother Marmor, 3' 9" hoch, 3' 6" breit.

Hie leit Ulrich der Wechslar der gestorben ist da man zalt nach Christi geburd MCCC. iar und darnach am LXXXII. an sand Leonhardstag.

Von den 10 ersten Worten ist nur die untere Hälfte vorhanden, der Obertheil ist abgeschnitten. Unterhalb dieser Inschrift ist auf einem unten nahezu runden Schilde die Hausmarke der Wechsler, eine Linearform ähnlich drei Kreuzen in Dreipaß gestellt, in einer ½' breiten Kreiseinfassung und rings um den Kreis läuft die Umschrift : . . .

MCCCC · obiit · Joānes · dēs · Wechslar ·

Beide Inschriften sind steif, an Schönheit dem Schildzeichen in der technischen und künstlerischen Ausführung weit nachstehend.

Nr. 36.   c. 1382.

St. Peter, westlicher Kreuzgang; Lage 4, ein quer gelegter rother Marmorstein, 3′ 9″ hoch, 3′ breit.

Hie leit der Jeronyme Schaurer des Wegslar pruder.

Die Worte Jeronyme und Schaurer sind ohne andere Hilfsmittel nicht sicher zu lesen. Der Stein ist sehr beschädigt. Er liegt neben dem Vorhergehenden, seinem Bruder, und mag hier seinen Platz finden, obschon er etwas später beschaffen ist. Vielleicht ist Sawer zu lesen. Im lib. cop. p. 804, 805 und 890 kommen nämlich vor: a. 1358. Hanns der Sawer vnd Christan Aynweg sein Aidem, beed burger ze Lauffen; Math. der Sawrer purchgraff ze Dyrnstain 1360 und Adolf der Sawrer 1381.

Nr. 37.   1382.

(Mit Abbildung.)

St. Peter, Veitskapelle, von dem Podium des Altares halb bedeckt, rother Marmor, 9′ 7″ hoch, 5′ 2″ breit.

Hie · leit · chunrat . der Tauf | chind · der · gestorben · ist ·
an · sand · chunigunden · tag · nach · christi | gepurt · tausent
drew · | hundert · iar · darnach · in · dem · zway · vnd · achezi-
gisten · iar ·

Die sorgfältige, scharfeckige, zierliche und markige gothische Schrift ist wie Nr. 34 eine Zierde der deutschen Minuskel. Wie der ganze Stein colossale Dimensionen hat, so ist auch die Umschrift außergewöhnlich groß und der Rand breit.

Die ganze Füllung bildet das mächtige Wappen, dessen Contouren bisweilen etwas in Relief übergehen.

Der Dreieckschild ist getheilt, die untere Hälfte ein wenig vertieft und auf beiden Hälften ein Kreuz eingehauen, dessen unregelmäßige Kanten und Enden die einstige Ausfüllung mit Metall anzuzeigen scheinen. (Das Wappen wäre zu blasoniren: getheilter Schild mit 2 Kreuzen in wechselnden Farben.)

Es ist sehr wahrscheinlich, daß schon in der ersten Hälfte des XIV. Jahrhunderts die Farben durch Erhöhung (lichte Farbe) und Vertiefung (dunkle Farbe) angedeutet wurde; mehrere Monumente scheinen dieß zu beweisen. Bei vorliegendem Steine aber ist schwer anzugeben, wie der Gegensatz der in ihrer Farbe wechselnden Kreuze, wenn diese wirklich von Metall waren, effectuirt wurde, daß aber Metall verwendet wurde, scheint nach der Form der Kreuzränder sicher.

Auf der obern Ecke des rechts gelehnten Schildes sitzt ein eigenthümlicher, sehr sorgfältig gezeichneter Stechhelm, ebenfalls rechts gewendet. Das untere Helmstück ist vorne, wie beim Stechhelm überhaupt, stark concav vergebogen und ausgeschweift, aber nicht über das obere Vorderstück (den Kappenschild) vorgezogen; sondern auch das obere Stück folgt der Ausbiegung und bildet mit dem untern geschlossen einen spitzen Winkel; statt des Sehschnittes ist daher, wie beim Kübelhelm, die Sehschlitze angebracht, welche mit einer zierlichen Spange wieder in der Mitte übernietet ist.

Ein Kreuz für die Panzerkette und 4 Nägel, welche das vordere und hintere Untertheil zusammenhalten, sind sehr sorgfältig ausgearbeitet. Die Helmdecke liegt dicht am Helme an, ist an dem Rande rundzackt und in einer ganz regelmäßigen Krümmung nach oben ohne Ornamentirung ausgeschweift; eine Form, welche kaum durch Tuch, wohl aber durch steifes Leder erhalten werden kann.

Auf dem Scheitel steht als Hilfskleinod der Flügel nur mit drei oben eingebogenen Schwungfedern vorne bestedt, wovon die vorderste anderthalb, die zweite einen und die dritte einen halben Fuß hoch ist; auf dem brettartigen Flügelkörper ist die Schildfigur auch als Helmkleinod wiederholt. — In allen Theilen stimmt die Wappenform mit Nr. 32 überein, beide sind wohl von demselben Steinmetzmeister.

Der Stein ist sehr gut erhalten und wohl ein Prachtstück eigener Art.

Taufkind Chunrad Richter und Mauter zu Salzburg giebt 1376 3 Pfund und 60 den. Pfenning auf den Gütern Müllpach bei Werfen und Oed bei Henndorf und später 12 Schilling Pfennige auf seine zwei Häuser in der Juden- oder Brotgasse für den Ort seiner Begräbnis in der Veitscapelle, für Universarium und für verschiedene Stiftungen. Mitgesiegelt hat dabei Hans Spehär purger ze Salzburg. V.A. IV. 371.

In der St. Dede-Kapelle z[u] St. Peter 1382 N: 37 gez v K. v. Frey. lith. v H)

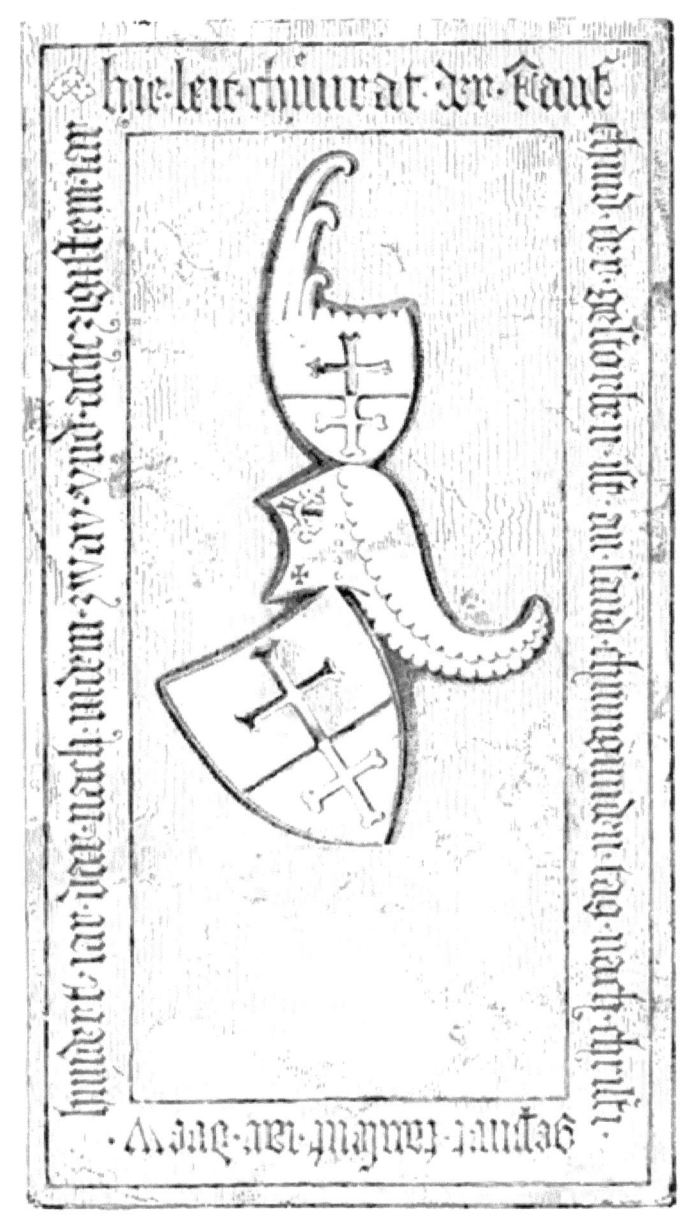

Nr. 38.   1382.

St. Peter, Kreuzgang, Reihe VII 2., rother Marmor, 7' 4" hoch, 3' 6" breit.

HIE LEIT GOTFR! ID SCHREIBER | DER FLUSTHE | RT DER GESTOR | BEN IST ANNO DOM. MCCCLXX (V AM) PALM | TAG.

Das V und a ist bloss wahrscheinlich.

HIE LEIT GEDRAWT | SEIN HAWSF | RAW DIE GESTOR | BEN IST ANNO | DNI · MCCCLXXXII | NON · MARCII ·

Beide Inschriften scheinen gleichzeitig oder die spätere ist der frühern nachgeahmt; der Stein ist mit Linien umgränzt, als ob der Rand für eine Umschrift bestimmt gewesen wäre. Die erste Legende beginnt als Inschrift unmittelbar unter dem Randstrich und die zweite folgt nach einem Zwischenraum von 8" auf der untern Hälfte des Steines. Jede Zeile der Inschrift ist ebenfalls mit kräftigen Linien eingefaßt.

Die Buchstaben sind sämmtlich recht gefällige Majuskeln und bei weitem die Meisten Unciaeln. Der Stein ist daher bemerkenswerth als ein ganz isolirter Nachzügler dieser vorgothischen Schrift, welche schon seit zwei Decennien vollkommen außer Gebrauch gesetzt war und später auch nicht wieder erscheint.

Mitten unter der untern Inschrift ist ein fußhohes Dreieckschild mit einer „gestielten Lilie" als Schildfigur. Figur und Schild sind von diesen decorativen Linien umgeben und durchschnitten. Das U und h in Flusthert ist unsicher. Der Name ist auch Flußhart und Fluxhart gelesen worden.

Gotfrid der Fluxhart des Hauptmann Schreiber zu Salzburg und Gertraud sein Hausfrau geben „auf iren haws- und hofstat, zo Salzburg in der Stat gelegen in der Abbtsgassen zo nest an den Chuchler heusern ein pfund gelt salzb. pfenning zu einem Jartag und zu irem begrebnus in dem Kreitzgang." Mitgesiegelt von Ottmar dem Scherhover der Zeit Stadtrichter zu Salzburg und Chunrat dem Tauschind puriger daselbst. V. A. IV. 170.

1388.

Nr. 39.

(Mit Abbildung.)

✠ Hie · leit · fraw · Kat'in | von Perneck · abtissin · ī ·
N̄unb'g · dj · gestorbn̄ · ist · Anno dn̄i · M · CCC . |
LXXXVIII · (id ·. octo ?)

Die sorgfältige gothische Minuskelschrift beginnt oben in der Mitte und endet ebenso am untern Rande, umschließt kaum drei Seiten des Randes und ist gegen das Ende undeutlich wegen zu großer Beschädigung.

Die Contouren der lebensgroßen Figur der Abtissin im Ornate decken beinahe den ganzen innern Raum. Oben links ist das „unten runde" fußhohe Pernecker'sche Wappenschild mit dem aus dem Schildfuße wachsenden, feuerschnaubenden Panther, am obern Theile abgewetzt.

Die Figur ist en face, aufrecht, etwas nach links bewegt. Das gürtellose Kleid fällt in reichen, weichen Falten über die ganze Körperlänge herab auf dem Boden sanft ausfließend. Der Mantel wird unter dem Halse zusammengehalten, und fällt über die Biegung des rechten Armes, welcher senkrecht gehoben in Schulterhöhe das Pastorale hält, nach rückwärts tief bis auf die Knöchel herab und wird von der durch ihn verdeckten linken Hand, welche in der Armbiegung die Ordensregeln hält, emporgehalten.

Der untere weiße Schleier schließt an Kopf, Hals und Schultern enge an und läßt nur das Gesicht frei, er ist vorne eigenthümlich zugenüstelt. Auf dem Scheitel ist der obere schwarze Theil des Doppelschleiers stuartisch geheftet bis gegen die Stirne als breiter Aufsatz vorgezogen und fällt läppchenartig auf den Seiten herab. (Die Schwester trägt nur den weißen, die Mater beide Schleier.) Der Stab hat zwei Knoten und spaltet sich gegen das Ende der Krümmung. Der abwärts ausbiegende Theil bildet sich trifolienartig aus, während der nach oben einbiegende sich doppelt krümmt und wie die ganze Krümmung auf der Außenseite mit krabbenartigen, umgestülpten Blättern geziert ist.

Die ganze Darstellung ist noch romanisch, es ist noch keine Spur von plastischer Arbeit, von einem naturalistischen Herausarbeiten und einem beabsichtigten Relief. Der Vertrag der Contouren spricht ganz allein; doch findet sich hier doch viel mehr Leben und Freiheit als in dem 10 Jahre älteren Pendant. Die Haltung ist mehr schwebend ohne die Würde zu beeinträchtigen; das Gesicht noch mehr ideal als porträtmäßig gehalten, der Faltenwurf reicher und weicher, die Zeichnung kühner und freier und in den Körperverhältnissen richtiger. Dort hält die linke Hand das Pastorale und rechte das Buch, hier hält wie gewöhnlich die rechte den Krummstab. Die Figur scheint sich leicht auf den Stab

zu stützen, wodurch ein bewegterer Faltenwurf erzielt ist. Leider ist diese künstlerische Darstellung der Abtissinen nicht fortgesetzt und die gleichzeitigen, sicherlich in derselben Weise gearbeiteten Denkmäler der Aebte Otto I. † 1364, Johannes II. † 1375 und Otto II. † 1414 sind amovirt; jedoch schließen sich daran die folgenden Aebte von St. Peter und wir können die künstlerische Fortbildung ohne Unterbrechung verfolgen, indem sich im Jahre 1414 der (erste seit 1288 von einem Prälaten wieder erhaltene) Denkstein des Abtes Leonhardus in der ganzen Behandlungsweise unmittelbar anschließt, und zugleich den Uebergang von den Contouren zum Relief trefflich aufweist.

Bemerkenswerth ist besonders auch die vollkommene sogenannte halbrunde Schildform; obschon v. Hefner-Alteneck in seinem Trachtenwerk bei der Beschreibung eines solchen Schildes von 1407 beifügt, daß die Form vorher durchaus dreieckig war. Der Heraldiker v. Hefner weist in seinem Handbuch den unten runden Schild (Seite 51) schon 1368 nach.

Es ist auffallend, daß das Figuralische romanisch gearbeitet ist, während die Schrift auch hier wie bei Nr. 33 ganz entschieden den Schulcharakter des Gothischen trägt.

Einen Ekehart de Pernekk finden wir zu gleicher Zeit als Canonicus und Custos zu Salzburg von 1371—1392. Lib. cop. 812, 855. Ebenso den Eberhard de Pernekk canon. Salz. als den XVI. Bischof von Chiemsee. Hund. II. 596.

Nr. 40. 1393.

Beigeschrieben dem Steine der Abtissin Anna von Perchaim. Siehe Nr. 13.

Anno · dni · Ṁ · CCĊ · LXXẊ · | XIII . in · die · beati · Osbaldi · | obiit · Diemudis · de Schönsteten · abbatissa · huius · | monasterii · Nunbergen · |

Die Inschrift ist auf dem untern Drittel der Steinfläche angebracht; die Schrift ist sehr scharf, kräftig und schön.

Darunter ist das Wappenschild der Schönstetter: ein aus einer Krone hervorbrechender Adler. Die Krone ist jedoch auf dem Steine wenig mehr zu erkennen. Der Schild selbst hat wie die vorhergehende Nummer die „halbrunde" Form. Diese Form: oben eben, auf den Seiten vom obern Schildrande aus bis zu Dreiviertheil der ganzen Schildhöhe rechtwinklicht laufend, dann mit einem Flachbogen abschließend, kommt vor Ende des XIV. Jahrhunderts selten vor, und ist mit Anfang des XV. allgemein. Das erste Erscheinen dieser Form ist deßhalb bemerkenswerth, weil sie in der Geschichte der Heraldik Epoche machend ist, da die Schilde eben nach ihrer Form bestimmt. Diese halbrunde Schildform ist heraldisch die zweckdienlichste, denn die Kleinode, deren Träger der Schild wie der Helm ist, lassen sich auf dieser Fläche am besten anbringen, zusammenstellen, vieren oder verbinden. Die Form ist auch echt heraldisch, im praktischen Leben wirklich gebraucht.

Diemudis VIII. aus dem alten Geschlechte der Schönstätter, der Erblammermeister des Klosters Rott am Inn (Nobiles de Sch. in Varnpach vicini illius Monasterii Camerarii officium cum quibusdam bonis ab Abbate in feodum tenebant) wurde gewählt den 12. August 1388 und starb an der Pest den 5. August 1393. Es waren damals 10 wahlfähige Frauen; für 7 unterschrieb das Wahlinstrument Klara von Truchlassing stets mit dem Beisatze: quia scribere nescivi. Im Jahre 1266 konnten sich alle 19 wahlfähigen Damen eigenhändig unterzeichnen.

Auch von dieser Aebtissin finden wir Verwandte in verschiedenen hohen Aemtern und Würden. Schon der VI Propst von Berchtesgaden war Bernhardus de Schönstetten, qui praefuit ecc. annos 8 ab 1188 bis 1196; tandem in praepositum Salisb. eccl. postulatur, wo er von 1196 bis 1200 Dompropst war. Ebenso finden wir Bernhard von Schönstätten als seinen Nachfolger in Berchtesgaden und Chunigunden von Sch. von 1317—1336 als Aebtissin in Chiemsee. Hund. II. 193, 245. IV. 266. Auch das lib. cop. p. 591 erwähnt einer Cunigund de Schönstetten, Maisterin im Frauenkloster datz dem Tuem im Jahr 1333.

1397.   Nr. 41.

(Mit Abbildung.)

St. Peter, Kreuzgang, Reihe XIV 4, rother Marmor, 6' 6" hoch, 2' 9" breit.

Anno · dñi · M · CCCLXXXVII · O' · | Wolfgang' · filiu'

Johis Wald | ekker.

Die Minuskel-Inschrift ist am obern Rande ziemlich gedrängt angebracht. Darunter sind die 5' hohen Umrisse des Wappens.

Die Figur des rechtsgelehnten oben 15" breiten und ganz ebenen, auf den beiden Seiten ausgebogenen, 18" hohen Dreieckschildes ist ein schräg linksgelegtes Beil. Gegen die Mitte des Schildes sitzt der in's perspectivische Profil rechts gewendete S t e ch h e l m; sein unteres Vorderstück ist oben stark vorgekrümmt und in einem Abstand von 6 Linien über die Kappe des Helmes vorgezogen.

Die Helmdecke ist an ihrem ganzen Rande blattartig ausgeschnitten; sie theilt sich in zwei bandförmige gegen das Ende sich verjüngende und in Streifen ausgeschnittene Stücke, die zu beiden Seiten vom Helmrande an aufgestülpt, 14 Zoll weit, ziemlich bewegt abflattern.

Darauf ruht die Helmkrone mit drei Blätter- und zwei Perlen-Zinken, und in dieser steht der mit 8 Schwungfedern längs des ganzen Randes besteckte Flügel als Hilfskleinod, das als Helmschmuck zwei geschrägte Beile trägt. Es ist bemerkenswerth, daß Schildfigur und Helmkleinod gewiß identisch sind, und doch in der Zahl sich unterscheiden.

Schon 1377 bei Nr. 33 ist die Helmdecke auffallend unruhig und aufgebogen gezeichnet, jedoch nicht so entschieden ausgeführt und weniger genau zu erkennen; bei diesem Steine jedoch ist der Uebergang aus der Mantelform zur vegetabilen Ornamentik entschiedener.

Nr. 42. 1397.

St. Peter, Kreuzgang Reihe VIII 2, rother Marmor, 5' 10" hoch, 3' 5" breit.

Hie leyt Hnr' de Hassia.

Außer dieser am obern Rande angebrachten Inschrift ist nichts mehr auf dem Steine sichtbar; er ist sehr abgewetzt und die ziemlich tief gehauene Inschrift auch sehr verletzt.

Zwei Heinriche von Hassia finden sich in den Klosterschriften; der eine war Rector Univers. Vienn. † 1397; der andere Rector Univers. Heidelb. † 1428.

Nach dem Charakter der Legende und den innigsten Verbindungen zwischen Salzburg und Wien, welches ja in geistlicher Beziehung dem Erzbischof von Salzburg unterstand, liegt der erstere unter diesem Steine begraben.

Nicht selten finden sich auch Denksteine auf Personen, welche nicht an demselben Orte begraben sind, und der Grabstein ist daher kein absoluter Beweis, daß der betreffende daselbst ruht, jedoch ist die Form „Hie leit" in solchem Falle meistens umgangen, auch ist nach dem Orte und der ganzen Haltung des Denkmals entschieden auf ein wirkliches Grabdenkmal und nicht auf einen bloßen Denkstein zu schließen; es darf somit mit Wahrscheinlichkeit angenommen werden, daß der Rector von Wien hier liegt. Die charakteristische Kürze, sowie die Anklänge an die Majuskelschrift entscheiden jedenfalls für die frühere Jahreszahl.

1404. Nr. 43.

Nonnberg, im linken Schiff der Kirche bei Nr. 13 und 28.

Hie · leit · fraw · margret · die | pernekcherin · abtessin · czu | nunburrg · dy · gestorben ist | nach christi · gepurte · Vierz | ehenhundert · iar · und · dar na | ch · im · dem · vierden · iar · des · | nachsten · tag · nach sand Ambrosentag

Unter dieser sehr sorgfältigen und gefälligen Inschrift, welche in der Mitte des Steines beginnt, ist der rechts gelehnte unten runde, der sogenannte „halbrunde" Schild, dessen oberer Rand oben, die Seiten bis über die Hälfte rechtwinklicht, dann in einem Flachbogen abgerundet sind.

Margaretha II. von Pernegg regierte nur ein halbes Jahr.

1405. Nr. 44.

(Mit Abbildung.)

St. Peter, Kreuzgang, Reihe XI. 2, 6′ 8″ hoch, 3′ 4″ breit, rother Marmor.

✠ Hie · leit · hartneyd · der visch · | ar · der · gestorben · ist . | Anno · | dñi · Ṁ · CCCĊ · V ·

Die Inschrift ist nahe am obern Rande, und bedeckt kaum den sechsten Theil des Steines. In der Mitte sind die 3′ hohen Contouren des Wappens.

Der Dreieckschild 12″ hoch und oben 10″ breit, in einem Winkel von 104 Grad zugespitzt, oben schwach eingebogen, die Seitenlinien an der Basis zuerst rechtwinklicht, dann sanft ausgebogen rechts, gelehnt. Die Schildfigur, ein lebender aufgebogener Fisch, ist über die Mitte des Schildes hin schrägrechts gekrümmt, (Kopf und den gebogenen Rücken nach unten gewendet, das Maul geschlossen), die Flossen bei der aufgebogenen Stellung (natürlich nur die Rücken- und Bauchflossen sichtbar) sind klein und einem gezahnten Raube ähnlich. Auf der linken Oberecke sitzt der Stechhelm auf. Als Kleinod wiederholt sich die Schildfigur, ein aufgebogener Fisch mit dem geschlossenen Maule auf dem Scheitel des Helmes befestigt.

Die ungetheilte Decke liegt eng am Halse an, zeigt am ganzen Rande etwa 1½″ tiefe Einschnitte (gezackte), biegt sich vom Helmende an aufwärts zu einem Halbkreise spitz auslaufend.

St. Peter Kreuzgang, 1408.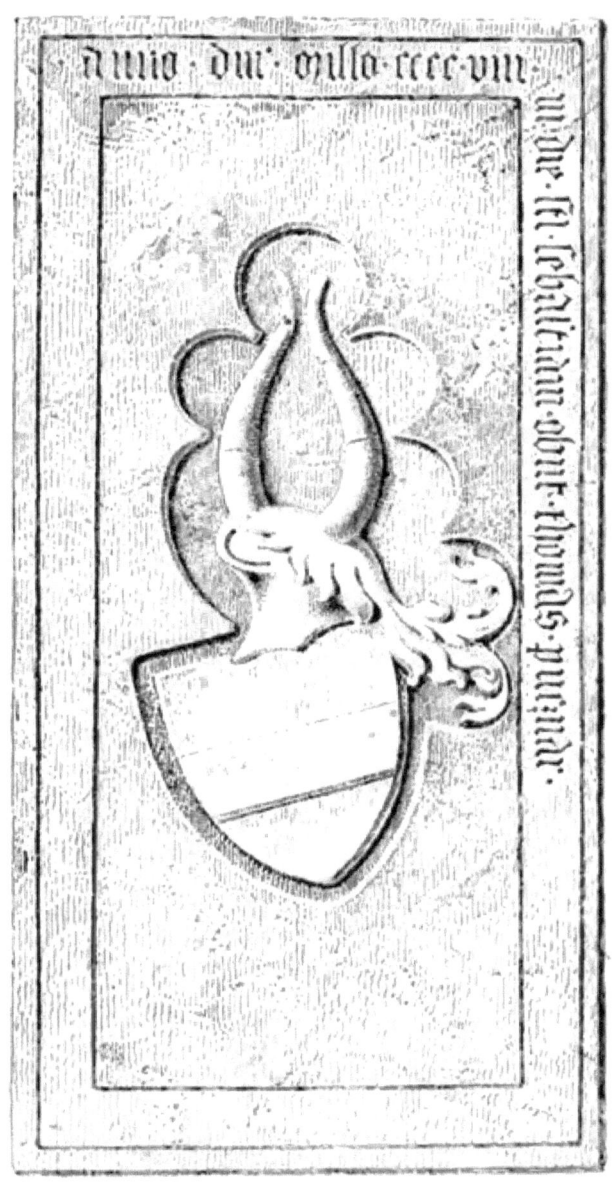

Nr. 45.   1408.

(Mit Abbildung.)

St. Peter, Kreuzgang, Reihe III. 4, rother Marmor, 6′ 10″ hoch, 3′ 6″ breit.

Anno · dni · Millo · CCCC · VIII · in · die · Sti . Sebastiani · obiit · Thomas · puczuar ·

Die Stellung der einzelnen Buchstaben der Umschrift unter sich ist scheinbar fahrlässig, so daß z. B. S zu t in Sebastiani nahezu einen Winkel bildet, anstatt parallel zu laufen. Die Füllung bildet das 3′ 8″ hohe Wappen in Relief. Der Schild ist oben eben, 14″ breit und 15″ hoch, nur wenig rechts gelehnt, und trägt als Schildfigur ein Heroldsstück: einen 4″ breiten (auf dem Steine erhöhten) Balken. Die Seiten laufen bis zum Balken nahezu rechtwinklig und biegen dann convex zu einem Winkel von 115 Graden zusammen.

Der Stechhelm, welcher in's perspectivische Profil gezogen auf der linken Seite des Schildes sitzt, ist vorne unten nicht zugespitzt, sondern gegen 6″ breit eben abgeschnitten, und hat einen Sehschnitt von 6‴ Breite. Seine Helmdecke, welche wie Nr. 42 als vegetabiles Ornament erscheint, ist den ganzen Rand entlang in laubartige Streifen ausgezahdelt; sie theilt sich unter dem Helme in zwei Theile, welche gegen das Ende umgebogen und von einander abgekehrt, beide jedoch auf der linken Seite des Helmes baumähnlich abflattern. Als Kleinod erhebt sich aus dem Helme ein doppelt gebogenes Paar Büffelhörner, wovon das rechte deutlich eine Spange trägt.

Es ist eine heraldische Regel: „Wenn Balken im Schilde vorkommen, so sind die Hörner in entsprechender Weise mit Querspangen versehen." Diese Spange ist jedoch nur am linken Horne noch sichtbar. Das rechte ist zu sehr abgewetzt, um Gewisses sagen zu können.

Um die Tiefe des Reliefs zu erhalten, ist die Fläche unmittelbar um das Wappen herum ausgehauen, diese Vertiefung folgt den Umrissen des Wappens in Form eines unregelmäßigen Maßwerkes.

Nr. 46.   1416.

(Mit Abbildung.)

St. Peter, Veitskapelle, Reihe II. 2, vom Eingang, rother Marmor, 8′ hoch, 4′ 5″ breit.

Anno · domini · Millesimo | CCCCXVI · Tercio · nonas · novembris · obyt · Leohardus · | venerabilis · Abbas · | monastery · sancti petri · Salczpurge ·

Die Umschrift ist sorgfältig, scharfeckig, besonders in den Spitzen und der abschneidenden Linien fein und zierlich, die Formen der Buchstaben sind scharf, ziemlich fett und gleichmäßig.

Die Füllung bildet die Gestalt des Prälaten im Ornat, stehend auf einer Basis von 3 Platten, und mit der Infulspitze bis an den obern Rand reichend. Er ist in's perspectivische Profil rechts gewendet und trägt die alte weite Casula (Meßgewand), welche die Form eines geschlossenen, weiten, glockenförmigen Ueberwurfes hat, die bis über die Knie reicht und die Arme wie den ganzen Körper vom Halse bis zum Knie umschließt und bei jeder Armfunction aufgehoben werden muß, was noch durch die Ministranten bei der Wandlung angedeutet wird und wobei die aufgehobene Seite sich in mehr oder minder reichen Falten über den Ellenbogen hinlegt. Grabsteine der Aebte zeigen diese Form bis in's 17 Jahrhundert, wo die Casula durch immer größere Ausschnitte für den freien Gebrauch der Arme in die Form unseres heutigen Meßgewandes zugestutzt wird. Die alte Casula ist ein mehr praktisches, bürgerliches Kleid und als solchem kann mit ihm an Schönheit der Form die neue Casula keinen Vergleich bestehen; die neue Casula ist als praktisches Kleid ihrem Zwecke geradezu widersprechend, sie läßt blos, wo sie bedecken sollte, sie ist unnatürlich verkümmert, unwahr, bizarr und somit unschön; aber als symbolisches, den Priester vom Bürgerlichen entrückendes ideales Kleid hat sie eine höchst zweckdienliche Form, welche in dieser Hinsicht die alte weit übertrifft.

Auf vorliegendem Steine ist die Casula auf beiden Seiten aufgehoben, indem der Abt in der linken, quer über die Brust gelegten freien Hand das mit Bugeln und Schlußriemen versehene Buch, und mit der rechten den Stab hält. An beiden Händen trägt der Abt Stulphandschuhe, welche über dem Reihen sternähnlich verziert sind. Unter der Casula ist die auf beiden Seiten aufgeschlitzte breit verbrämte und anscheinlich mit Steinen besetzte Dalmatika, das Festgewand des Diacon, welches die Bischöfe und Kirchenfürsten beim Lesen der Messe zu den übrigen Gewändern auch tragen. Die Dalmatika gleicht dem alten Meßgewande und hat gleiche Verstümmelung erfahren wie dieses, jedoch ist sie ursprünglich viel enger, mit Aermeln versehen und hier gegen 1½ Fuß hoch aufgeschlitzt. Die Alba fällt bis über die Füsse herab, und liegt noch auf dem Boden auf. Der Stab ist einfach, an dem einzigen kräftigen Knoten ist eine Bursa mit dem Velum befestiget, welches der Abt um den Stab hält, die Krümmung beginnt unmittelbar über dem Knoten mit einer kleinen Ausbiegung der Art, daß der Schaft mitten unter der Krümmung steht; diese ist ausgefüllt durch eine kreuzförmige Rose, in welche der Stab ausläuft,

Hie ligt begraben der edl vnd vest hanns
Reutter der elter des namens der gestorbñ ist am lanndtag nach sand Gilgen tag 1524 jar dem
got genadig sey. Amen

ihre Außenseite ist besetzt mit 7 Krappen und gegen das Ende mit zwei Eicheln.

Die Mitra ist am untern Rande und senkrecht über die Mitte hin breit verbrämt, mit Steinen besetzt und oben in zwei eichelförmige Spitzen auslaufend.

Brust, Kopf und Stab lösen sich aus dem Grunde des Reliefs mehr los als die untern Theile, welche mehr als Flachrelief oder nahezu in Contouren erscheinen.

Das Gesicht ist vollständig in Relief ausgearbeitet und porträtmäßig gehalten; es hat einen ruhigen, etwas düstern und schwermüthigen Ausdruck und zeigt besonders den geweckten Sinn für die naturalistische Schönheit der Form und große Gewandtheit in der technischen Ausführung. Der Vortrag ist einfach natürlich und in der würdevollen Ruhe warmes Leben. Das Traditionelle tritt entschieden zurück; obschon die Anordnung noch romanisch ist, und überall zeigt sich das naturalistische Streben der freiern Gothik.

Nr. 47. 1416.

(Mit Abbildung.)

St. Peter, an der südlichen Außenseite der Margarethenkapelle, rechts beim Eingang, welcher von dieser Seite in die Kirche führt; rother Marmor, 7′ 3″ hoch und 46″ breit.

Der Rand ist zuerst 3″ breit eben gehauen, dann aber flacht sich diese Hochrahme zur Pflasterfläche 5″ schräg ab. Auf dem äußern Rande der Abdachung (Exergue) beginnt oben links die Umschrift in reinster gothischer Minuskel mit verzierten Initialen und Punkten.

Anno · dni · millesimo · Quadringentesimo · XVI · obiit · Martinus · dict' | (unten) · Rawter · Salezburgensis · fundato · | (rechts) huius Cappelle · Qui diem · suu · clausit · extremu · die · Quinta · Mens' · | (oben) January · Anni · eiusdem ·

Auf dem inneren ebenen Rande ist in kleinerer sehr hübscher, scharfeckiger deutscher Schrift ein Jahrhundert später eingeschrieben:

(oben) Hie ligt begraben der edl vnd fest Hanns · | (rechts) Reitter der lest des namens der gestorbn ist am sambstag nach sand Alexytag 1528 iar dem | (unten) gott genadig well sein.

Daß dieser Stein 1416 und nicht 1528 angefertigt wurde, beweist abgesehen von der künstlerischen und technischen Ausführung die Inschrift selbst sowohl durch die grammatischen Formen wie leit und ligt, Rawter und Reitter, die Bezeichnung der Jahreszahl rc. als auch die charakteristisch verschiedene Fassung der Legende und des angehängten Segensspruches.

Die Füllung bildet das 3½' hohe Wappen, welches von einer Figur bestehend aus 6 geschweisten Spitzbögen und zwei Dreiecken derart umschlossen wird, daß die drei obern Bögen (einer in der Mitte und auf jeder Seite einer sich fortentwickelnd) einem Dreipaß gleichen, dessen Kreise sich in Spitzbögen ausbilden und dessen vier Nasen sich in Lilien-Gebilde verflachen mit je drei Blätterpaaren, zwischen denen sich Blüten zeigen. Daran schließt sich in der Fortentwicklung auf jeder Seite ein sehr gedrückter Eselsrücken, denen sich alsdann zwei rechtwinklichte Dreiecke anreißen, die unten durch ein regelmäßiges Au chif verbunden und geschlossen sind.

Innerhalb dieser Figur, deren Spitzen überall in den Rand auslaufen, ist das Wappen. Der halbrunde 1' 6" hohe und 1' 3" breite Dreieckschild, dessen Seiten 13" rechtwinklig laufen, dann sich zu einem gedrückten Kreisbogen gegeneinander abrunden, ist rechtsgelehnt, so daß die niedere rechte Schildecke in den entsprechenden Winkel der Einfassung zu liegen kommt. Die Schildfigur ist ein „Linkarm" mit geballter Faust, bekleidet mit einem eng anliegenden und einem weiten faltenreichen Aermel. (Der „Linkarm" reicht von der rechten Randseite in den Schild hinein, er hat das Ellenbogengelenk in spitzem Winkel gebogen und die Fingerspitzen der geballten Faust nach innen, den Daumen gegen den Arm gekehrt.)

Auf der obern linken Schildecke sitzt der feingewölbte Stechhelm in's perspectivische Profil gewendet, das untere Helmstück nicht wie bisher an der Kappe angenagelt, sondern hinter dem Sehschnitt beträchtlich über dieselbe hinaufgezogen und darüber genagelt.

Aus dem Scheitel des Helmes erhebt sich aufrecht gestreckt der kräftige Mannesarm, bekleidet mit einem ganz eng anschließenden und einem bis zur Dicke des Vorderarmes zurückfallenden weiten Aermel, beide, wie im Schilde, am Rande breit verbrämt, im Momente der energischen Muskelanstrengung schwingend einen a u s g e r e u t e t e n Baumstamm mit abgehackten ornamental knotigen Aesten und gegen 30 wie ein Schlangenknumpen sich verschlingenden, in 5 Schichten übereinander reich gruppirten Wurzeln, die gerade in die Rundung des rechten Bogens des (angedeuteten) Dreipasses fallen und diesen äußerst schmiegsam und gefällig beinahe ganz ausfüllen, während die Spitze des schräg abgeschnittenen Stammes in die Spitze des gegenüberliegenden Bogens hineinreicht.

Die prachtvolle Helmdecke entwickelt sich aus dem weiteren Aermel des redenden Kleinodes (Rawter angedeutet durch den den Baum ausreutenden kräftigen Arm. Nomen et omen); sie theilt sich, wie sie auf dem

Helme auffällt in 4 Körper, wovon die hinteren zwei sich halbkreisförmig aufwärts biegen, folgend der Rundung der beiden mittleren gedrückten Spitzbogen. Die zwei vorderen Theile fallen mäßig drappirt bis in die Ecken der beiden Dreiecke herab, wo sie hart, fast rechtwinklig sich knittern, wie die Umfangsfigur, in die sie hinein sich schmiegen und der sie auch bis zum Abschlusse folgen. Alle Ränder der vierfach getheilten Decke sind gezackelt, in breite Lappen oder Streifen ausgeschnitten, die bei der reichen Drappirung an einzelnen Stellen bis zu fünf Schichten übereinander liegen und nach allen Seiten in Gruppen und einzeln vom Rande der Decke abstehen. Als Stoff der Helmdecke ist wohl Leder anzunehmen, wodurch diese Form am ehesten erreicht wird. Hand und Baum, sowie einzelne Theile der Decke selbst sind nahezu zum Hochrelief herausgearbeitet, und nur die praktische Rücksicht hat die sichtlich erstrebte weitere Unterarbeitung nicht zugelassen. Der Kraftausdruck in der Hand, die naturalistische Behandlung des Baumes, die ganze Anlage, welche sich der Architektur anschmiegt, und die Gruppirung, welche gegenüber den in der Kunst bisher üblichen zwei hier überall fünf Lagen übereinander gruppirt, sind besonders interessant und künstlerisch.

In den 4 Ecken ist eine Ahnenprobe „auf 4 Schilde," wovon aber keiner, auch nicht der oben rechts (vom Zuschauer links) mit dem Hauptwappen übereinstimmt.

Oben rechts „ein phantastisch gebildeter Adler auf erhöhtem Grund", auf einem Fuße stehend, ein zweiter Fuß ist nicht sichtbar; unten rechts „das steigende Einhorn" oben links „schräg rechts getheilter Schild von hoch und tief, im tiefen, linken Felde ein Reuzchen" und unten links „schräg rechts durch den Zinnenschnitt getheilt von hoch und tief." Familienwappen, unter denen mir nur die Reudorfer sicher bekannt sind. Das Wappen der Kreuzel ist sonst ein durch Kleeblattschnitt getheilter Schild; die Helmkrone, welche bei den Reuter später vorkommt, ist hier noch nicht vorhanden.

Dieser Stein wurde bei Gelegenheit der Renovirung der St. Margarethenkapelle aus der abgebrochenen St. Andräkirche 1862 hierher übersetzt.

Nr. 48.   1420.

(Mit Abbildung.)

St. Peter, Veitskapelle, Reihe II. 1, rother Marmor, 8′ 3″ hoch, 4′ 5″ breit, wohl erhalten.

Anno · domini · Millesimo · Quad | ringentesimo · Vicesimo · ipso · nonas · Mensis · aprilis · Obyt · Ulricus · uenerabilis ·
    Abbas · monastery · sancti · petri . Salczpurge ·

Diese Legende ist als Umschrift angebracht in scharfer, schulgerechter deutscher Minuskel. Die sprachliche Fassung, die locale Anordnung und der Zug der einzelnen kleinen großen Buchstaben sind genau nach derselben Vorschrift wie bei der Legende auf Nr. 46, nur sind hier die Buchstaben beinahe ein Drittheil höher und entsprechend martiger, wie überhaupt die ganze Darstellung kräftiger und vollkommener ist.

Dieses Denkmal stimmt in jedem Theile seiner Anlage mit dem des vorhergehenden Prälaten, des Abtes Leonhard, Nr. 46, wesentlich überein und ist als Pendant desselben anzusehen und wohl auch absichtlich als solches angefertigt. Die lebensgroße Figur, auch hier auf einem Sockel von drei Platten, ist in's perspectivische Profil nach links (Nr. 46 ebenso nach rechts) gewendet, hält in der Linken den Krummstab, in der Rechten das Buch (Ordensregel, Breviarium oder die Bibel, alle drei kommen so vor, gewöhnlich aber ist es bei Ordensvorstehern als das erste anzunehmen), und reicht mit der Mitraspitze nahezu an den Rand der Umschrift.

Wir haben ein Kunstwerk vor uns, welches mit Nr. 47 in der Geschichte der salzburgischen Plastik Epoche macht. Haben wir in der Formation des Krummstabes auf Nr. 33 im Jahre 1378 und in der Gewandung auf Nr. 39 im Jahre 1388, besonders aber in der ganzen Anlage und Anordnung von Nr. 46 im Jahre 1416 den Einfluß und den Fortschritt der Gothik bemerkt, so sehen wir jetzt ein charakteristisch durchgebildetes, gothisches Werk reinen Stiles. — Die ganze Gestalt steht in natürlicher Haltung vor uns, voll warmen Lebens, edler Würde und eigenthümlich bewegter Ruhe; die Formen sind wie bei der antiken Plastik aus dem Steine naturgetreu herausgearbeitet; das wallende, sich brechende und ausfließende Kleid folgt mit feinem Gefühle genau der Natur des Kleidstoffes. Der Stein, die Masse, ist beherrscht und schmiegt sich weich den Naturformen des Vorwurfes an. Die künstlerische Anlage und die technische Ausführung sind naturalistisch.

Während bei dem Prälaten Leonhard nur die obern Körpertheile in ausgebildetem Flachrelief sich vom Steine abheben, ist hier Alles durch 3—5 Linien tiefes Relief aus dem Steine herausgehoben; während dort die Dalmatika über dem flachen, ebenen Rande reichlich verbrämt ist, fehlt hier dieser die Fläche vor Kahlheit schützende Schmuck absichtlich; denn jede decorative Beigabe, welche sich nicht leicht über die abgerundete und vollendete Form sich hinstreuen läßt, sondern dem Stoffe fest anhaftet und seine freie, naturgemäße Entfaltung hindert, ist der gothischen Plastik zuwider.

Casula, Dalmatika und Alba sind in Form und Lage dem frühern gleich, jedoch durchwegs weiter, faltenreicher, schwerer und stofflicher, naturalistischer behandelt. Die Alba bedeckt die Füße vollständig und fließt in weichen, reichen Falten auf dem Boden aus; die eine Hand hält in derselben Höhe wie bei Nr. 46 das Buch, welches hier mit zwei Spangen geschlossen und mit fünf Bngeln, je eine in den vier Ecken und in der Mitte des Deckels, verziert ist, die bei Nr. 46 vielleicht wegen

Anno · domini · millesimo · quad-
ringentesimo · vicesimo · ipso · nonas · mensis · aprilis

Abbas · monasterii · sancti · petri · Salzpurge
Abbt · Cherus · venerabilis

zu starker Abwetzung nicht genau bemerkbar sind. Die Casula ist ebenso weit als bei Abt Leonhard über die Hände zurückgeschlagen, so daß die Aermel der Dalmatika, welche bis an das Handgelenk verreichen, etwa drei Linien sichtbar sind; die andere Hand hält in gleicher Höhe wie bei Nr. 46 — weniges über der Höhe des gesenkten Ellenbogens, also ungewöhnlich tief — das aufrechte Pastorale mit dem Velum frei auswärts. Der Krummstab selbst ist vom vorigen verschieden. Die Schäfte sind gleich; die wesentlichen Theile aber: der Stachel (stimula, punge, sterno resistentes per imum), der Knoten (nodus, quo sustenta, rego stantes) und die Krümmung (curvatura, qua collige, tolle jacentes,) weichen charakteristisch ab. Der Stachel ist hier deutlich sichtbar; indem der Stab getragen wird, und nicht auf den Boden reicht; der Knoten ist eine architektonische Construction in Capellenform mit dem unausgefüllten, gothischen Spitzbogen und die Krümmung beginnt erst zehn Zoll oberhalb des Knotens, weßhalb dieser Stab auch um so viel höher erscheint als der vorige, und direkt aus der geraden Richtung ohne Ausbiegung und endet sich spaltend nach innen in ein Trifolium, nach außen in eine gothisch gerippte Krappe, deren noch elf andere am äußern Rande bis zum Knoten hinab angebracht sind.

Unter dem Knoten ist eine sogenannte Bursa angeheftet, ein Stück steifes Tuch oder mit Tuch gefüttertes Metall in regelmäßiger Dreieckform, woran das Velum befestiget wird, das der Fungirende um die Hand nimmt, damit der Stab nicht mit bloßer Hand angefaßt werde, wie wir auch bei diesem und bei allen folgenden Prälaten, die im Ornate dargestellt sind, aus demselben Grunde die meistens reich verzierten Stulphandschuhe finden. Die Mitra ist der Vorigen gleich. —

Der Gesichtsausdruck ist ernst und wehmüthig, sehr individuel und einen persönlichen Charakter ansprechend, ohne Zweifel sorgfältiges Porträt.

Schade, daß dieses Gesicht von Fußtritten viel gelitten hat; dieje schöne Arbeit, wie das Gegenstück Nr. 46 und das gleichmäßig in dieser neuen Weise durchgeführte Denkmal Nr. 47 verdienen im vollsten Maße Schutz und Schonung; sie sind die ersten und würdigen Repräsentanten der durchgreifenden neuen, gothischen Kunstrichtung, welche in Salzburg und an dieser Art von Kunstdenkmälern **verhältnißmäßig sehr spät** zur Geltung gelangt und von da bis zum Schluße des 15. Jahrhunderts herrlich blüht, wovon im folgendem Jahresheste die Beweise folgen sollen.

Abbildungen.

Nach der Seite 1, Absatz 5 ausgesprochenen Absicht wurden zur Vervielfältigung bestimmt die Nummern:

1, 4, 5, 7 aus den Jahren 1235, 1288, 1300, 1300.

Muster der ursprünglichen einfachen Form im 13 Jahrhundert bei weltlichen wie geistlichen Personen.

9, 10, 11, 13, 15, aus den Jahren c. 1300, c. 1300, 1307, 1321, 1327.

Die Nummern 11 und 13 als Beispiele der charakteristischen Aenderung der Schrift und Legende, sowie der Art des Zusammenlegens im 14 Jahrhundert; die Uebrigen zeigen die ersten Formen des Wappens.

18, 21, 23, 25, 26, aus den Jahren 1343, 1348, 1358, 1361, 1363.

Muster der ursprünglichen, klassischen Heraldik, die Formen des heraldischen Dreieckschildes, der mantelförmigen Helmdecke und des Topf- und Kübelhelmes. Nr. 25 ist eine eigenthümliche Uebergangsform zum Stechhelm. Beginn der deutschen Schrift.

32, 37, 41, 44, 45, 47, aus den Jahren 1377, 1382, 1397, 1405, 1408, 1416.

Künstlerische Entwicklung der Heraldik. Der Stechhelm. Allmähliger Uebergang zur ornamentalen Decke; unruhiges Suchen nach einer festen künstlerischen Form derselben. Der heraldische halbrunde Schild. Gothischer Stil.

33, 39, 46, 48, aus den Jahren 1378, 1388, 1416, 1420.

Darstellung von Personen. Form und Behandlungsweise des romanischen und des gothischen Stiles.